La Enigma Medusa

Dino Panvini, M.D.

Copyright © 2019 por Dino Panvini, M.D.

ISBN: Tapa Dura   978-1-7960-3476-9
          Tapa Blanda   978-1-7960-3475-2
          Libro Electrónico 978-1-7960-3474-5

Todos los derechos reservados. Ninguna parte de este libro puede ser reproducida o transmitida de cualquier forma o por cualquier medio, electrónico o mecánico, incluyendo fotocopia, grabación, o por cualquier sistema de almacenamiento y recuperación, sin permiso escrito del propietario del copyright.

Las personas que aparecen en las imágenes de archivo proporcionadas por Getty Images son modelos. Este tipo de imágenes se utilizan únicamente con fines ilustrativos.
Ciertas imágenes de archivo © Getty Images.

Información de la imprenta disponible en la última página.

Fecha de revisión: 05/22/2019

Para realizar pedidos de este libro, contacte con:
Xlibris
1-888-795-4274
www.Xlibris.com
Orders@Xlibris.com

Dedicated to Yamilet Castro

CONTENIDO

Prefacio vii

Capítulo 1	A las puertas de la muerte	1
Capítulo 2	Los psicópatas	11
Capítulo 3	Intento de asesinato...................................	24
Capítulo 4	Mi muerte...	34
Capítulo 5	El robo..	53
Capítulo 6	Corrupción legal	59
Capítulo 7	El encubrimiento	72
Capítulo 8	El criminal..	80
Capítulo 9	La mudanza desde Italia............................	87
Capítulo 10	Mycell..	99
Capítulo 11	Chelsea la psicópata	108
Capítulo 12	911	119
Capítulo 13	La debacle de Indiana	128
Capítulo 14	Intento de asesinato por parte de mi esposa	139
Capítulo 15	Lamento en Nevada...................................	149
Capítulo 16	El divorcio	154
Capítulo 17	Parálisis..	166
Capítulo 18	Rocky Mountain High	174
Capítulo 19	Alienación parental....................................	181
Capítulo 20	Bernie el cuchillas......................................	187

Capítulo 21	Un psicópata de verdad	202
Capítulo 22	Carnada para tiburones	212
Capítulo 23	Corrupción médica	225
Capítulo 24	La salida de Morelli	230
Capítulo 25	Un comité como ningún otro	237
Capítulo 26	Las cosas no son lo que parecen	247
Capítulo 27	Mala praxis fraudulenta	264
Capítulo 28	El tiro por la culata	280

PREFACIO

Todo lo que van a leer es cierto. Aunque puedan pensar que es una obra de ficción, ¡no lo es! Este libro los transportará a las profundidades de la corrupción en los sistemas de salud y legal de Estados Unidos, y cómo me condujo a una experiencia cercana a la muerte y a numerosos atentados contra mi vida.

Mi nombre es Dr. Dino Panvini, miembro del Colegio Americano de Cirujanos (FACS). Soy un urólogo certificado nacido en Estados Unidos con más de treinta años de experiencia en Urología. He desempeñado cargos administrativos como jefe de Cirugía y jefe de Urología en varios hospitales estadounidenses. Provengo de un largo linaje de médicos que se remonta al siglo XV en Italia. Comencé mi práctica profesional clínica en la ciudad de Nueva York en 1987, y finalmente acabé en Fort Mohave, Arizona, en 2010. Soy diplomado por la Junta Americana de Urología, miembro del Colegio Americano de Cirujanos y miembro del Colegio Internacional de Cirujanos, y realicé la especialización clínica en Medicina Integrativa.

En treinta años nunca he tenido una sentencia o acuerdo extrajudicial en mi contra por mala praxis, algo que muy pocos cirujanos de este país pueden decir. Como sabrán más adelante, uno de los abogados mencionados en este libro me demandó por mala praxis y acciones fraudulentas y malintencionadas relacionadas por el mismo caso tres veces, alegando repetidamente que yo había matado a mi paciente, a pesar de no tener absolutamente ninguna prueba.

Conocerán mi experiencia cercana a la muerte y los numerosos atentados contra mi vida, la corrupción que existe en el seno del sistema judicial y el divorcio más extraño que hayas conocido jamás.

La corrupción médica y legal en el trabajo en Estados Unidos es infecciosa, una epidemia que afecta a todos los ciudadanos norteamericanos todos los días, de una forma u otra. La Asociación Americana de Abogados no vigila a los abogados, y campan a sus anchas, hiriendo a millones de estadounidenses tanto financieramente como emocionalmente y profesionalmente. El sistema legal necesita una reforma completa que solo puede llevar a cabo los estadounidenses. La libertad de prensa nos proporciona una forma de alertar al público en general, y es nuestro derecho constitucional en virtud de la Primera Enmienda.

Es posible que muchas personas que lean mis palabras hayan experimentado situaciones similares, pero no en la medida que lo he sufrido yo. Mi historia desvela el abuso total del sistema legal por parte de los abogados, no solo contra los médicos, sino también contra el estadounidense normal de todos los ámbitos sociales. Es hora de que los estadounidenses recobren sus derechos reclamando al gobierno federal que vigile el sistema legal y evite que los abogados emprendan acciones malintencionadas como las que vas a leer aquí.

Dado que voy a hablar de hechos reales, he cambiado los nombres de muchos personajes para evitar más litigios. Como comprobarás, son personas peligrosas.

Espero que disfrutes de esta historia real. Descubrirás que está llena de suspense y dramatismo, pero las advertencias que ofrezco sobre los peligros para la sociedad americana son tan reales como las cosas que me ocurrieron a mí.

CAPÍTULO UNO

A las puertas de la muerte

«¿Realmente voy a morir así?», me preguntaba. ¿Inmovilizado y aplastado hasta morir bajo las cajas en mi propio dormitorio, sin forma alguna de ponerme en contacto con el mundo exterior?

Me sentía como si hubiera llegado el fin de mi historia y, para ser sincero, muchas personas se habrían sentido aliviados de llegar a ese punto. En mayo de 2015, cuando tuve el accidente que casi me costó la vida, ya me estaba deslizando por uno de los caminos más oscuros imaginables por un periodo de casi quince años. Había perdido a mi esposa, mis hijos y mi negocio, y me habían amenazado hasta un punto en el que me vi forzado a abandonar el país. En el proceso de lograr avances médicos y salvar innumerables vidas, me había ganado enemigos mortales. Justo cuando parecía que estaba a punto de empezar de cero, me dio la sensación de que mi vida podría llegar a su fin.

He sido cirujano urológico durante treinta años. Completé mi capacitación en Cirugía General en un hospital de Brooklyn (Nueva York), y en un hospital asociado a la Universidad de Yale en Connecticut. En 1987, después de hacer las prácticas de Urología en el programa de Cirugía Urológica de una universidad del Medio Oeste, comencé mi carrera en la ciudad de Nueva York, donde abrí tres consultas en Queens y Manhattan. Después de los acontecimientos del 11 de septiembre, decidí optar por un cambio y pasé la primera década del 2000 trabajando en consultorios privados en Indiana, Nevada y Arizona. Mientras trabajaba en Sparks (Nevada) y Fort Mohave (Arizona), desarrollé mis consultorios para ofrecer los mejores tratamientos urológicos del oeste de Estados Unidos, y frecuentemente atendía a pacientes que viajaban a través de varios estados buscando mi maestría y conocimientos. Sin embargo, el caos y las amenazas contra mi vida y mi medio de sustento al final fueron excesivos, y me vi obligado a mudarme a Italia.

Después de vivir y trabajar en Italia durante un tiempo, regresé a una ciudad turística de Florida. Cuando partí de Italia, guardé todas mis pertenencias en contenedores para que los embarcaran rumbo a Estados Unidos. Debido a la lentitud de los envíos internacionales, pasaron meses antes de que llegara todo.

En Florida alquilé una casa preciosa cerca del mar, a tan solo veinticinco minutos en auto del hospital donde planeaba trabajar. Pero la casa estaba vacía y no tenía muebles, así que dormía en un colchón hinchable sobre el piso, y aquello no era lo mejor para mi espalda.

El 19 de mayo de 2015, el día del accidente que casi me costó la vida, había viajado en auto desde Nueva Orleans hasta mi casa en Florida. Regresaba de asistir a la conferencia anual de la Asociación Americana de Urología en Nueva Orleans. El viaje por carretera desde Florida a Luisiana había sido precioso. Había dejado abierto el techo solar de mi auto para poder empaparme de rayos solares en el rostro y obtener vitamina D. Por mi condición de médico muy ocupado, trabajaba hasta altas horas de la noche y estaba pálido como un vampiro, aunque viviera en el Estado Soleado.

El GPS me llevó directamente a la puerta principal de mi hotel, que estaba situado a poca distancia caminando del centro de convenciones Memorial. Me registré, fui a habitación y me dirigí a recoger mi insignia y la lista de cursos y conferencias. Como miembro de la Asociación Americana de Urología, me había registrado por Internet, así que todo el proceso fue sencillo y sin incidentes.

El evento se prolongó durante cuatro días completos hasta el 12 de mayo de 2015, y me permitió conocer los avances más recientes en el campo de la urología, asistir a varios cursos mara mantener al día mis conocimientos médicos y aprender nuevos procedimientos y métodos de tratamiento. Ya había asistido a las reuniones anuales en Nueva Orleans en numerosas ocasiones, pero aquella era mi primera vez desde que el huracán Katrina casi había destruido esta preciosa ciudad en 2005.

Después de registrarme en el hotel, pasé el resto del día relajándome, disfrutando de la ciudad y preparándome para asistir a los cursos y conferencias. Parece que tomé treinta horas de cursos con crédito durante esos cinco días. Digo «parece» porque, como resultado de los acontecimientos que voy a describir, no tengo ningún recuerdo de la conferencia o de ninguna otra cosa relacionada con mi viaje a Nueva Orleans. Todo o que acabo de relatar lo he reconstruido a partir de las facturas del hotel, correos electrónicos de la AUA créditos correspondientes a Educación Médica Continuada (CME) y otras fuentes externas.

Cuando regresé a Florida, me fue imposible encontrar a Sofia Lombardi, una amiga mía en aquella época. Me pareció posible que estuviera haciendo algo con su hijo, Dick Lombardi, pero, fuera lo que fuera, no quería saberlo. Dick era problemático y siempre lo había sido. Era drogadicto y ladrón, y me negaba a permitirle la entrada en mi casa. Tenía demasiadas pertenencias valiosas, incluyendo una colección de monedas. Sofia le había dedicado bastante tiempo mientras yo estaba ocupado con mis obligaciones de la profesión médica.

Así que allí estaba, en mi casa en Florida, completamente solo después de pasar una semana estudiando con intensidad en una conferencia médica. Para relajarme y descansar un poco, decidí colocar algunas cajas que contenían libros de medicina y diplomas enmarcados. En el dormitorio tenía almacenadas una parte de mis pertenencias que habían llegado recientemente desde Italia, pero que no había tenido tiempo de abrirlas o encontrar otros lugares donde colocarlas.

El garaje también estaba lleno de cajas esperando que las distribuyera y colocara.

Lo que ocurrió a continuación tuvo relación con el estrés al que estaba sometido con las acciones constantes y malintencionadas de abogados y sus maniobras legales fraudulentas contra mí. Debido a mi diabetes tipo II, me administraba una inyección semanal. El día señalado para la inyección, a menudo me sentía ligeramente desorientado y tenía dolor de cabeza, especialmente si había hecho algún trabajo extenuante, como mover cajas pesadas. El estrés de todos mis problemas legales también podría haber elevado mis niveles de glucosa.

Debí sufrir uno de esos momentos de desorientación mientras intentaba mover las cajas, y perdí el control. Las cajas se volcaron y me cayeron encima, obligándome a yacer en una postura contorsionada en el piso de mi dormitorio. Las cajas que había bajo mi cuerpo me retorcían la espalda, mientras que las que cayeron encima de mí me aprisionaban las piernas y no podía moverlas. Intenté liberarme desesperadamente, luchando para levantar las cajas de mis piernas, pero fue en vano. Tendido en el piso, sentí que mi dolor crecía a cada momento que pasaba, y el mareo se apoderó de mí. Se me nubló la mente y ya no podía pensar con claridad, pero sabía que tenía un serio problema.

Mis piernas estaban totalmente inmovilizadas. No podía llegar a la cama o al baño, aunque se encontraban a solo unos pasos y eran de fácil acceso en circunstancias normales.

Tenía los músculos de las piernas machacados, librando sustancias tóxicas en mi torrente sanguíneo, desde el cual fueron absorbidas por los riñones, causando un traumatismo masivo y un probable fallo renal agudo.

Me quedé allí tendido, atrapado, sufriendo ese dolor durante varios días. Recibí una llamada de teléfono de Sofia, pero los detalles se han perdido en mi memoria. Soy un hombre italiano orgulloso y no me gusta pedir ayuda excepto cuando es absolutamente necesario, pero no era consciente de la gravedad de mi situación. Más tarde supe que la llamada solo había durado cinco minutos. También recibí una llamada de su madre, pero no recuerdo lo que dije o cómo reaccionó ella, al igual que me ocurrió con todo mi viaje a Nueva Orleans. Perdí los recuerdos de varios meses de mi vida y casi perdí la vida.

Antes de mi viaje a Nueva Orleans tenía un asunto sin resolver relativo al nuevo cambio en mi carrera profesional. El Dr. Abdul Nassif, el socio que me había contratado, era un hombre soltero pakistaní. Era de baja estatura, delgado y musculoso, de complexión morena y una deficiencia folicular en la cabeza y el rostro. Siempre iba bien vestido y era un hombre encantador con un talento especial para persuadir a otras personas para que coincidieran con él. Más adelante supe que también padecía un trastorno obsesivo compulsivo. El día anterior a mi viaje a Nueva Orleans (el jueves 11 de mayo de 2015), me había reunido con él en mi nuevo consultorio en Panama City, Florida.

El Dr. Nassif me había persuadido anteriormente para que regresara a Estados Unidos desde Italia, y me había traído para que estableciera y dirigiera una nueva división de urología en su clínica médica, Florida Resort City Radiation Oncology. Los contratos que regían mi empleo se habían firmado meses antes, en enero de 2015. Pero yo había traído gran cantidad de equipo y suministros médicos (desde catéteres y agujas de biopsia a una mesa hidráulica de exploración, camillas de exploración urodinámica con su equipo y un equipo de ultrasonidos transrectal), y nos vimos en la necesidad de establecer los términos definitivos del contrato, de forma que me fuera reembolsada la cantidad correspondiente al uso del equipo.

Se suponía que debía cobrar 6.000 USD por ello, pero el Dr. Nassif ya se había retrasado tres meses, y aquello me preocupaba. Había estado usando mis suministros y mi equipo sin pagarme, y veía que esa situación no iba sino a empeorar e inquietarme a medida que se corrió la voz sobre mi tasa de éxito y crecían los clientes del consultorio.

Había realizado procedimientos quirúrgicos ambulatorios (cistoscopias y vasectomías) mediante biopsia transrectal guiada por ultrasonidos, lo que implicaba insertar una sonda especial en el recto del paciente después de anestesiarlo, y después examinar cualquier área sospechosa. Con el paciente tumbado sobre un costado, identificaba la próstata, tomaba medidas y a continuación insertaba la aguja a través de una guía para tomar biopsias guiado por los ultrasonidos. Si se detectaba un cáncer, podía tratarse bien mediante cirugía o bien con radioterapia.

Nassif y yo teníamos frecuentes desavenencias sobre cómo tratar el cáncer de próstata. A él solo le interesaba radiar el cáncer de próstata, en lograr e extirparlo quirúrgicamente, y discutíamos a menudo por ese tema. Él decía: «¡No lo entiendes! ¡Te contraté para encontrar los cánceres de próstata, de forma que yo pueda tratarlos con radiación!» Trató de disuadirme de operar quirúrgicamente el cáncer de próstata no por razones médicas, sino porque la radioterapia le hacía ganar 25.000 dólares, en comparación con los 1.800 dólares de la cirugía. Sin embargo, a diferencia de la radiación, la cirugía es curativa.

Para cuando me uní al centro para el cáncer, ya había identificado aproximadamente una docena de hombres con cáncer de próstata. Algunos de estos pacientes necesitaban cirugía, pero tenía dificultades para conseguir privilegios de admisión en los hospitales locales. Había tenido que defenderme de un abogado que me había demandado fraudulentamente tres veces, acusándome falsamente de haber matado a mi paciente, y esta información estaba disponible en Internet y dañaba mi reputación. Un grupo de urólogos de la zona, encabezados por el Dr. Luis Pérez, estaba preocupado por la competencia que yo representaba para ellos, pero vieron una puerta abierta en las demandas por mala praxis y el resto de porquerías que había en Internet sobre mí.

Mi exmujer había contratado un abogado para presentar una demanda por mala praxis fraudulenta contra mí, alegando que había matado a un paciente, y esta demanda se había presentado tres veces en juzgados estatales y federales. Así que este grupo local de urólogos había leído estas alegaciones ficticias de las demandas por mala praxis. Sabían que yo tenía talento y probablemente les comería las ganancias, así que hicieron todo lo posible para impedir que consiguiera esos privilegios en ninguno de los hospitales locales, donde estaban representados en los comités acreditadores. En repetidas ocasiones solicitaron pruebas de que no había matado a mi paciente, una acusación absurda que había hecho un abogado especializado en bancarrotas. ¿Cómo puedes probar que no ocurrió?

Los grandes monopolios de médicos y compañías de cuidado de la salud tienden a aliarse para impedir que los recién llegados se asienten en la comunidad. Yo era un recién llegado de talento, pero no era bienvenido por razones estrictamente de autoconservación y de control de la comunidad médica. Este grupo en particular estaba representado en el comité ejecutivo médico y en el comité de acreditación, lo que provocó que mi proceso de solicitud para obtener una licencia para trabajar en el hospital se demorase más de lo habitual.

A la vez que tenía problemas para entrar en los hospitales locales para operar a mis pacientes, también me vi perturbado por los insistentes intentos del Dr. Nassif de coaccionarme para que recomendara a los pacientes solo terapia de radiación. Su insistencia para que desviara pacientes de cáncer a su consulta para que pudiera facturarles la radioterapia era inquietante cuando menos. Encontraba su estrategia de radiar todos los cánceres de próstata extremadamente falta de ética, ya que la terapia por radiación no tiene la misma tasa de curación que la extirpación quirúrgica en pacientes adecuadamente identificados. Pero los pacientes no le importaban lo más mínimo, él solo quería esos 25.000 dólares.

Incluso antes de que el hospital me concediera una sala de operaciones y privilegios de admisión, que todavía estaban pendientes, me preocupaba el consultorio que estaba poniendo en marcha. Justo antes de partir a la conferencia en Nueva Orleans, finalizamos por fin el papeleo: los contratos de empleo y reembolsos para los suministros desechables que había traído de Italia. Cuando todo estuvo firmado, guardé mi copia en el cajón de mi escritorio y nos estrechamos la mano. Debería haber escuchado a mi instinto, porque las disputas entre los dos me habían dejado una sensación de inquietud. Pero conservé el optimismo creyendo que las cosas mejorarían y que pronto estaría practicando la medicina con los valores éticos que habían regido toda mi carrera.

Poco sabía lo que estaba por venir.

CAPÍTULO DOS

Los psicópatas

Mientras me encontraba inmovilizado en el piso de mi dormitorio en mayo de 2015, recibí una llamada telefónica de Sofia. Estaba en otro estado; me había mencionado que iba a viajar a Tennessee para estar con su hijo mientras yo asistía a la convención de Urología en Nueva Orleans. No quise preocuparla contándole que estaba atrapado, porque soy un hombre italiano muy orgulloso al que no le gusta dispersar energía negativa si puedo dominar la situación por mí mismo. Todavía seguía creyendo que pronto encontraría la forma de liberarme. Más tarde supe que Sofia también había llamado a su mare, Helen, junto con el mío, el único número que conocía de memoria.

¡Y después Helen me llamó para decirme que Sofia había sido arrestada! No sabía mucho más, y no podía decirme en qué estado se encontraba la Srta. Lombardi, solo que estaba en la cárcel del condado de Fort Alexander. No quise preocupar a Helen contándole que estaba atrapado y era incapaz de moverme o de sentarme derecho, así que únicamente le dije que intentaría hacer las gestiones para que su hija saliera bajo fianza.

Tampoco sabía en qué estado estaba ubicada la cárcel del condado de Fort Alexander, ni por qué habían arrestado a Sofia. Pero, por algún motivo, mi mente dejó atrás esas preguntas e inmediatamente me puse en modo resolución de problemas, de esa forma que a veces los cirujanos nos vemos en la obligación de hacer. Aunque soy incapaz de recordar cómo lo hice, encontré un fiador judicial, organicé su liberación y le pedí que le diera doscientos dólares en metálico. Todo el asunto se pagó con una de las tarjetas de crédito de Sofia usando una foto que tenía en mi teléfono, sacando el dinero de su propia cuenta, así que en esencia ella misma pagó la fianza y se liberó.

Cuando aquello ya estuvo resuelto, envié un mensaje de texto a Helen para decirle que iban a soltar a Sofia, y después probablemente me desmayé. Debería haber tenido la presencia de ánimo de llamar al 911, pero no pensaba con claridad. En cualquier caso, para entonces mi teléfono se había quedado sin batería.

Después supe que, cuando el fiador judicial sacó a Sofia de la cárcel, le dio una pequeña bolsa que únicamente contenía la ropa que llevaba puesta en el momento de su arresto. Cunado preguntó dónde estaban el resto de sus pertenencias, le dijeron que retendrían todo lo demás hasta que se hubiera zanjado el asunto.

Sin dinero ni identificación, Sofia sabía que no podría conseguir una habitación de hotel ni comprar comida. Aun así, el departamento de policía se negó a devolverle sus pertenencias personales hasta la vista del juicio, el 5 de junio, casi dos semanas después. Mientras tanto, dejaron a Sofia sin auto, licencia de conducir, medicamentos, dinero en metálico y tarjetas de crédito, además de las maletas que contenían el resto de su ropa.

El fiador judicial tuvo que ayudar a Sofia, registrándose ambos en un hotel cercano con el mismo número de tarjeta de crédito que había utilizado para la fianza. Le dijo a Sofia que era libre de irse a donde quisiera, siempre y cuando se presentara para la vista el 5 de junio. A dónde fuera o lo que hiciera hasta entonces con tan solo doscientos dólares a su nombre era decisión suya.

Tan pronto como Sofia entró en su habitación del hotel, comenzó a intentar llamarme, pero mi teléfono no tenía batería, y para entonces yo ya estaba totalmente inconsciente.

Cuando conocí a Sofia Lombardi en Las Vegas, en el año 2012, era una mujer inteligente de mediana edad. Era delgada pero muy atractiva, con cabello negro con destellos rojizos. Poseía una empresa de alquiler de equipo médico de gran éxito, y yo dirigía un floreciente consultorio de Urología en la cercana ciudad de Fort Mohave, en Arizona. Desarrollamos una amistad y al cabo de un tiempo, nos convertimos en buenos amigos.

Yo tenía trece personas trabajando para mí en Arizona: un médico, enfermeras, enfermeras especialistas, auxiliares médicos y técnicos. Yo era el que generaba mayor cantidad de ingresos en el hospital local, y tenía pacientes que venían a verme desde California, Las Vegas, Phoenix e incluso desde más lejos.

Lamentablemente, había otro cirujano general en el área que sentía celos de mi éxito, ya que le hacía parecer un subordinado. A lo largo de toda esta historia, me referiré a él únicamente como Dr. Morelli y, como verás más adelante, el hombre es un peligroso psicópata. El Dr. Morelli era un hombre bajo, pálido, con aspecto enfermo y medio calvo con complejo de Napoleón, muy controlador y territorial, y siempre quería ser el foco de atención. El personal de la sala de operaciones no le tenía en mucha estima, porque era extremadamente arrogante y mezquino. Además, sus habilidades en el campo de la cirugía eran cuestionables, y aquello causaba muchas complicaciones a sus pacientes. En aquella época no llevaba ningún caso importante. Por contra, realizaba de forma regular procedimientos quirúrgicos que nunca antes se habían hecho en esa región. Por ejemplo, cuando le extraía la vejiga a un paciente de cáncer, le reconstruía una vejiga con una porción de su intestino. Este tipo de trabajo lo intimidaba.

Morelli era un hombre amargado y despiadado con ideas grandiosas sobre sí mismo y con mucho resentimiento en su interior. Intentaba aterrorizar a todos los que tenía a su alrededor, como si disfrutara y le estimulara causar temor y pavor. No mostraba remordimientos o sentimientos de culpa cuando hacía algo para perjudicar la carrera profesional de un miembro del personal. No mostraba ninguna emoción y tenía una falta total de empatía, sintomático de un psicópata.

El Dr. Morelli sabía que yo también era herniólogo y había escrito un capítulo del libro de texto *Hernia*. Soy conocido por haber realizado operaciones de hernia con anestesia local, de forma que, cuando he arreglado el problema, el paciente puede simplemente levantarse de la mesa de operaciones y salir caminando sin apenas dolor. Sin embargo, la mayoría de los cirujanos realizan este procedimiento bajo anestesia general, que era lo que prefería el Dr. Morelli. Sus pacientes sufrían terribles complicaciones, incluyendo dolores severos en la ingle debido a haber situado incorrectamente la malla, así como reaparición de las hernias.

Cuando empleas anestesia local, puedes poner la malla en la ubicación de la hernia y después hacer que el paciente tosa para asegurar que se consigue la contención adecuada. Si es necesario puedes ajustar la malla, dar puntos de sutura o cualquier otra cosa que se necesite, y después cerrar la incisión y hacer que se vayan caminando desde la mesa de operaciones a la sala de recuperación. Sin embargo, eso no se puede hacer con un paciente que está dormido. ¿Cómo vas a hacer que tosa un paciente inconsciente?

Como resultado de la dependencia del Dr. Morelli en la anestesia general y su incompetencia en general, varios pacientes suyos venían a mí después de haber pasado por sus manos, pero siempre los rechacé. Les decía: «No voy a tocarlo, porque lo ha operado el Dr. Morelli y no quiero meterme en batallas». Sus sentimientos hacia mí eran obvios y no quería exacerbar la situación. Les recomendaba acudir a cirujanos generales del área de Las Vegas, pero nunca reparé su trabajo deficiente personalmente.

Hubo ocasiones en las que compartimos pacientes. Por ejemplo, yo realizaba una prostatectomía y el hacía una colonoscopia al mismo paciente. Pero nunca invadí su territorio, y él no podía invadir el mío porque no era cirujano urológico.

Sin embargo, a medida que pasaba el tiempo, el Dr. Margaret Morelli y su mujer, Margaret Morelli, parecían haber enloquecido a causa de mi éxito. Decididos a expulsarme de la ciudad, comenzaron a infiltrarse en mi consultorio, comenzando por mi recepcionista, Betty Washington, que era la encargada de los libros de registro, de tomar las citas y hacía todo el papeleo necesario para el funcionamiento del consultorio.

En 2012, un día Betty entró en mi oficina, dijo que estaba pasando por una crisis financiera y me preguntó si podía ayudarla.

Yo respondí: «Has estado conmigo desde el principio. ¿Qué sucede?»

Betty afirmó que el IRS estaba auditando su declaración de la renta y debía 50.000 dólares en impuestos atrasados.

«¡Vaya, cincuenta mil!», repliqué. «Es un montón de dinero. Tal vez pueda ayudarte». El consultorio me iba bien y ella era de mucha ayuda (o, al menos, eso creía). Así que le presté los 50.000 dólares, con el acuerdo de que me los devolvería bien trabajando horas extra o en metálico.

Sin embargo, poco después de prestarle el dinero a Betty, declaró que no podía presentarse al trabajo porque tenía abrasiones en las córneas. Yo me pregunté: «*¿Qué clase de abrasión corneal? Eso son estupideces.* Hice que otro empleado fuera en auto hasta la casa de Betty, y allí estaba ella, en medio de una venta de garaje sin exhibir ningún signo de padecer problemas visuales. Me había mentido y era obvio que estaba confabulada con los médicos que estaban intentando perjudicarme, así que la despedí.

Eso, por supuesto, me creó más problemas porque tuve que defender mi decisión de no pagarle el subsidio por desempleo. Al final, Betty llevó su reclamación tan lejos que me vi obligado a declarar, y ¿adivinas quién era la testigo estrella? ¡Margaret Morelli! Eso afianzó todo en mi mente. ¿Qué tenía que ver Margaret Morelli con el personal de mi consultorio? ¿Qué podría tener que decir sobre los problemas de mi empleada si ella no sabía nada de todo aquello? ¿O sí sabía? Obviamente, Betty había conspirado con Morelli para ayudarle a hundir mi consultorio y destruir mi carrera profesional.

Uno a uno, aquella pareja se libró de todos los empleados más importantes de mi consultorio. El primer golpe fue Betty.

Antes de marcharse, arruinó mi horario de citas de tal forma que la consulta no podía funcionar. Cambió las contraseñas de numerosos programas informáticos y en conjunto lo dejó todo envuelto en el caos. Cuando contraté a Mary para sustituirla, también fueron tras ella. Mary empezó a recibir llamadas amenazantes en casa, advirtiéndola de que, si continuaba trabajando para mí, «nunca volvería a trabajar para nadie más». Llego a tal punto que Mary se asustó de verdad y dimitió.

Entonces abordaron a Maya, mi enfermera especialista. No sé cuánto pagaron los Morelli a Maya, o si fueron los abogados de mi exmujer, Connor Truman y Veronica Fischer, que también estaban conspirando contra mí. Maya empezó a hablar insistentemente con los demás empleados (enfermeras, técnicos e incluso el otro médico, Jimmy Black) y los persuadió para que se volvieran en mi contra.

El objetivo de mi exmujer era destruirme a cualquier precio, lograr que me revocaran la licencia médica y arruinar mi reputación personal y profesional. Antes de fallecer, mi padre le había ofrecido un millón de dólares para que se mantuviera alejada de mi vida y de las vidas de todos los miembros de mi familia, pero ella había rechazado la oferta. «¡Quiero el dinero de Dino! —dijo—, ¡O si no haré todo lo posible para destruir su carrera profesional y que acabe en la cárcel!». Y eso es exactamente lo que estaba sucediendo, cuando ella empezó a conspirar con los Morelli.

La conducta de Jimmy Black, el médico, me sorprendió. Era incompetente y cometía muchos errores, así que pensaba librarme de él más adelante. Pero cuando descubrí que formaba parte de la conspiración, lo despedí al instante. Se marchó hecho una furia, maldiciendo y chillando en medio del consultorio. Había solicitado privilegios en el hospital local en Arizona, en el que yo era jefe de Cirugía, pero yo no le había permitido usar la sala de operaciones debido a su incompetencia. Tampoco lo consiguió en Las Vegas, donde vivía, debido a su incompetencia profesional y su incapacidad para relacionarse con otras personas.

Después de eso, mi enfermera especialista dimitió y se llevó a tres de mis técnicos. Mi gerente médico, Marian Klein seguía conmigo, pero estaba tan atemorizada como los demás. Ella también había recibido llamadas telefónicas amenazadoras en su casa. No quiso revelarme los detalles, pero me dijo que no podía soportar la presión y que iba a dimitir.

Intenté conseguir que se quedara. «Por favor, necesito los servicios de apoyo adecuado. La necesito. No puede abandonarme en medio de una crisis. ¡Todo mi consultorio se está desmoronando por falta de personal!». Pero no pude persuadirla para que se quedara, así que también dimitió.

Estaba en un verdadero aprieto. Los pacientes llamaban, necesitaba programar las operaciones y no tenía personal para manejar todo aquello. Logré contratar personal a tiempo parcial, pero no conseguían manejar toda la carga de trabajo. Finalmente llegó un momento en el que los pacientes corrían riesgo porque no lograba procurarles los cuidaos médicos que necesitaban. Así que, con gran angustia emocional, cerré mi consultorio por motivos de seguridad para los pacientes.

Intenté volver a contratar personal. Sofia invirtió en el consultorio y eso me permitió alquilar equipos médicos de su empresa para mantener la consulta abierta. Antes de que todo acabara, había metido 400.000 dólares en mi negocio (que le devolví más tarde) y había venido a trabajar en la consulta conmigo, pero era una situación insostenible. Nadie quería trabajar para mi porque sabían que los Morelli me perseguían y amenazaban a todos los que entraban a formar parte de mi equipo.

Estaba claro que los Morelli habían conspirado con Veronica Fischer y Connor Truman, los abogados de mi exmujer, así como con las compañías de noticias de Indiana y el condado de Bartholomew County.

Mi exmujer, Chelsea, a quien había conocido durante el último año de mi residencia en 1987, había sido una mujer preciosa. Medía un metro setenta y ocho centímetros y tenía el cabello largo y castaño con una complexión atlética y delgada. No tenía estudios, pero tenía inteligencia callejera y era muy astuta, y usaba su belleza para conseguir lo que deseaba. Chelsea no sabía cocinar, así que normalmente comía en McDonald y en otros restaurantes de comida rápida. Sus malos hábitos nutricionales no le ayudaron a envejecer bien, y durante nuestro matrimonio envejeció bastante rápidamente. Cuando ya llevábamos un tiempo casados comprendí que

Chelsea era taimada y no me podía fiar de ella, era una adicta, una mentirosa patológica y también peligrosa.

Durante el divorcio, contrató a Veronica Fischer, una abogada fea y obesa, con el cabello de color rojo fuego. Fischer, que hablaba siempre con tono enfadado, era arrogante y corrupta. Pagó a la agencia de noticias AP para que destruyeran mi reputación profesional difundiendo información falsa, y envió al programa de noticias *20/20* un reportaje fraudulento que afirmaba que yo había conspirado para matar a mi mujer. Cuando mostraron a un amigo mío de Hollywood toda esta información falsa y fraudulenta, este advirtió a *20/20* que difundirlo los conduciría a una peligrosa batalla legal que acabarían perdiendo. Cuando posteriormente se pusieron en contacto conmigo a través de un intermediario, *20/20* desechó el informe que les había enviado Veronica Fischer.

Finalmente me reuní con la gerencia del hospital, quienes afirmaron que querían contratarme para protegerme de los Morelli, los cuales estaban creando problemas de seguridad en los pacientes de mi consultorio.

Les dije: «No hay forma de que pueda seguir luchando contra todas esas falsas acusaciones yo solo a la vez que intento dirigir yo solo un consultorio médico de gran tamaño. Tienen que ayudarme, porque si no tendré que marcharme debido a los problemas de seguridad que podrían sufrir estos pacientes».

Yo tenía gran cantidad de equipo médico y quirúrgico que ellos iban a comprar, junto con todo el equipamiento de mi consultorio, como parte del contrato de empleo que me propusieron. Pero me hicieron una oferta ridículamente baja que ni siquiera cubría parte del costo del equipo médico, así que lo rechacé.

Les dije: «Escuchen, arreglen este problema. Me voy a tomar un tiempo sabático, comenzando ahora mismo. A no ser que arreglen el problema, y hasta que esto ocurra, no podré operar aquí o enviar aquí a mis pacientes para que los cuiden de forma segura».

Como si eso no fuera suficiente, Margaret Morelli, que trabajaba para Truman y Fischer, comenzó a denunciar falsamente y públicamente que había una orden de arresto contra mí porque no había pagado la manutención de mi hijo, lo que obviamente no era verdad. Recibió el documento falseado de Fischer y lo envió a todos los médicos locales que habían referido pacientes a mi consulta. Estaban intentando matarme de hambre.

Una noche, todo llegó a su punto crítico cuando vi amenazada mi propia vida. Estaba trabajando hasta tarde, muy pasada la media noche, y entró en mi oficina un hombre que tomé por un paciente.

Me senté con él y le pregunté: «¿En qué puedo ayudarlo?»

El hombre se sacó una pistola del cinturón y la puso sobre mi escritorio. Me había encontrado en situaciones amenazantes con anterioridad, pero en esa ocasión me puse muy nervioso de inmediato, ya que éramos las dos únicas personas en el consultorio.

El hombre dijo: «Ya sabe, doctor, que sus pacientes no tienen más que buenas palabras sobre usted. He hablado con algunos de ellos que estaban ahí sentados, en la sala de espera, y se deshacían en alabanzas hacia usted».

En un intento por mantener la conversación educada, repuse. «Gracias. Intento dar lo mejor de mí».

Entonces él continuó: «Algunas personas de la ciudad no le quieren aquí y no les gusta. Quieren verle severamente castigado. Yo tan solo soy el mensajero, estoy aquí para decirle que deje de hacer lo que está haciendo». Entonces se puso en pie, recogió su pistola y salió.

También denuncié el incidente a la policía, por supuesto, pero no pudieron hacer nada. El hombre no se había identificado, había concertado la cita bajo un nombre falso y, cuando intentaron tomar huellas de la silla donde se había sentado, no había ninguna.

Después de aquello, me sentía como si pudiera ser asesinado en cualquier momento. Estaba claro que el Dr. Morelli era un psicópata. Sabía que tenía almacenado todo un arsenal de armas, desde rifles automáticos a escopetas, y era un tirador bien entrenado. Así que fui y compré mis propias armas para defenderme si fuera necesario, y contraté un guardia de seguridad para que me siguiera por ahí. Tenía armas al lado de mi cama, en mi oficina y en mi auto. Incluso mi bastón, resultado de una lesión en la columna vertebral en 2009, era un arma.

CAPÍTULO TRES

Intento de asesinato

Estaba inconsciente en el piso de mi dormitorio, atrapado bajo las cajas, con traumatismos en las piernas y la cadera derecha, y con riesgo de morir por fallo renal. La batería de mi teléfono ya se había acabado, lo tenía a mi lado, completamente inservible.

La Srta. Lombardi no tenía forma de saberlo. Sin embargo, después de varios intentos fallidos de contactar conmigo, decidió intentarlo con el Nassif, ignorante por completo de los conflictos que había tenido con él y mis inquietudes posteriores. Logró persuadirle de que viniera en auto hasta mi casa para ver si me encontraba dentro.

Nassif estaba al teléfono con ella cuando llegó a la puerta principal, pero, por supuesto, nadie respondió al timbre. Entonces ella le pidió que caminara alrededor de la casa y llamara a la puerta del patio que conducía directamente al dormitorio principal. Nassif siguió sus instrucciones y golpeó la puerta de cristal, llamándome a la vez por mi nombre.

De alguna forma, casi milagrosamente, recobré la conciencia lo suficiente para registrar los golpes y gritos en mi cerebro. El bastón se me había caído a mi lado, pero no estaba atrapado bajo las cajas como yo. Afortunadamente estaba a mi alcance y, haciendo acopio de todas mis fuerzas, logré usarlo para abrir el pestillo de la puerta, permitiendo que Nassif entrase en la habitación.

Sofia continuaba dándole instrucciones por el teléfono. Cuando Nassif le contó las condiciones en las que me había encontrado, supo que debía habérseme pasado el plazo de mi inyección semanal. Al ser diabético tipo II, me ponía inyecciones semanales de Byetta, tomaba metformina en píldoras y necesitaba inyecciones ocasionales de insulina. Aunque el diabético preste mucha atención a su dieta, haga ejercicio regularmente y se tome la medicación que le receta su médico, hay condiciones externas como el estrés que pueden causar un pico de azúcar en sangre.

Nassif entró en mi cocina y miró en mi nevera, donde encontró el lápiz de inyección de Byetta. Volvió con él, pero entonces declaró absurdamente que no sabía administrar la inyección. Así que me lo dio y me inyecté yo mismo, algo que había hecho tantas veces que conseguí hacerlo aun en un estado tan debilitado.

La Srta. Lombardi le dijo a Nassif que yo necesitaba comer algo para recuperar las fuerzas y, sorprendentemente, en lugar de ir a nuestra cocina, ¡abandonó la casa! Cuando regresó, ya no estaba al teléfono. Ella pensó que me había dejado en buenas manos. Nassif me dio un sándwich de pollo y una botella de Gatorade, que contenía sirope de maíz de alta fructosa y con niveles altos de potasio, lo cual acentuaría los problemas de riñón al elevarme por las nubes mis niveles de potasio. ¿No sabía nada de diabetes ni de fallo renal, o es que era un sádico por ofrecerme algo que podría haberme matado? ¿Fue a propósito? No importaba. Ya había estado atrapado bajo las cajas sin comida ni bebida durante días, así que habría aceptado cualquier cosa.

Comí y bebí, pero seguía inmovilizado en el piso. Le rogué a Nassif que me ayudara a liberarme. «Por favor, por favor, libérame de estas cajas para que pueda levantarme. Tengo muchísimo dolor. Quítame las cajas de las piernas para que pueda liberarme de esta posición retorcida. ¡Ayúdame, por favor!

¡Tenía que levantarme! Aunque no fuera capaz de llegar hasta un médico para que me tratara las piernas dañadas, al menos podría descansar en la cama hasta que me sintiera un poco mejor. Habría sido obvio para cualquiera que estaba sufriendo mucho dolor y angustia, pero gracias a su formación médica, el Dr. Nassif debería haber notado otras cosas, como mi habla confusa e incoherente, y haber comprendido que sucedía algo más.

Debido a las heridas de mi pierna y el fallo renal que me invadía, las toxinas presentes en mi torrente sanguíneo comenzaban a causarme delirio y deterioro cognitivo. Una y otra vez, le pregunté a Nassif, que entrenaba en el gimnasio todos los días y estaba bastante fuerte, que levantara las cajas de mis piernas. Finalmente, se agachó a mi lado e hizo un débil intento de mover una caja. Puso cara de intentarlo con todas sus fuerzas, pero, incluso herido como estaba y en mi estado, veía que estaba actuando. Planeaba dejarme atrapado en aquel lugar, incapaz de escapar o interferir con lo que fuera que tenía en mente. La furia cruzó por mi mente a toda velocidad.

Comencé a preguntarme qué iba a hacer. ¿Tirarme otra caja a la cabeza y matarme? El pánico me recorría las venas. Pero no podía dejar que conociera mis sospechas, así que intenté que siguiera hablando conmigo.

Le pedí que enchufara mi teléfono y lo colocara dentro de mi alcance, pero me ignoró. Entonces le pedí que llamara al 911 para que me liberaran, ya que él no podía, pero tampoco respondió a ese ruego. ¿Puedes imaginarte a un médico que se queda mirando a alguien que está gravemente herido y no solo no lo ayuda, sino que se niega a buscar asistencia? Tenía las piernas hinchadas hasta tres veces el tamaño normal. Estaba entrando en crisis, y ese hombre, a quien consideraba, si no un amigo, al menos un socio profesional confiable, ¡no hacía nada! Esto era básicamente el equivalente a asesinato.

Entonces Nassif fue un paso más allá, desde lo que un abogado llamaría «indiferencia depravada» hasta actuar directamente con hostilidad. Echándome una mirada más mientras yo yacía en agonía sobre el piso, salió del dormitorio y se fue al comedor. Apenas podía oír su conversación, pero estaba llamando a su abogado. Se quedó en el comedor una cantidad indignantemente larga de tiempo, pidiendo consejo sobre cómo manejar mi situación. Finalmente reapareció en el umbral de mi dormitorio.

Con una sonrisa prepotente en su rostro, se sentó a mi lado, subido a una caja. Gracias a un pequeño acto de misericordia, no se sentó en una de las cajas que me estaban partiendo las piernas. Con un brillo en los ojos, bajó la vista hacia mí y preguntó: «¿Quiere que llame a una ambulancia?»

Yo respondí: «¡Por supuesto que sí!» Vi que todavía tenía el teléfono en la mano, así que sospechaba que estaba grabando nuestra conversación y me pregunté por qué estaría haciendo algo así. Pero tenía el cerebro nublado por las toxinas y no me podía concentrar lo suficiente para razonar cómo salir de la situación. Me vi reducido a responder únicamente a las cosas más importantes.

«Sí», gruñí. ¡Por supuesto que quería que llamara a una ambulancia! Debería haberle resultado obvio que, además de las heridas en las piernas, estaba sufriendo fallo renal. Perdía y recobraba el conocimiento de forma intermitente, en un estado casi comatoso.

Entonces lo miré directamente a los ojos con toda la energía que me quedaba en mi cuerpo herido y debilitado, y repetí mi petición de ayuda. Mientras estaba tumbado, se me ocurrió que podía sentir cómo se me cerraban los órganos. No había orinado ni defecado en varios días, y los niveles de toxinas de mi cuerpo me estaban dejando exhausto. Estaba convencido de que, sin un rescate, moriría allí mismo, sobre el piso de mi dormitorio. Para Nassif valía más muerto que vivo, teniendo en cuenta que, obviamente, iba a necesitar una hospitalización prolongada. Así que para él era más sencillo dejarme morir que salvarme y soportar el gasto de tener que pagarme.

Tal vez debería explicar exactamente qué estaba ocurriendo en mi cuerpo, para que entiendas mi estado físico y psíquico en aquel momento. Cuando sufres una lesión por aplastamiento en los músculos de cualquier extremidad, el tejido muscular esquelético dañado se descompone rápidamente. Esta afección, llamada rabdomiólisis, causa que las toxinas se filtren al torrente sanguíneo, viajen hasta los riñones y los obstruyan, impidiendo su función. Algunas de estas toxinas, como la proteína mioglobina, son extremadamente dañinas para los riñones y producirán fallo renal, que en última instancia provocará un fallo sistémico multiorgánico. Por lo tanto, estaba en grave peligro, y empeoraba cuanto más tiempo transcurriera sin recibir atención médica.

Nassif me miró y asintió. Me aseguró que llamaría a una ambulancia para que me ayudaran, y a continuación salió de la habitación, cerrando la puerta del patio tras él. Se había ido y estaba solo.

Seguí tendido sobre el piso durante horas, esperando que alguien viniera y me salvara. Estaba delirante y vacilaba al borde de la inconsciencia, pero en mis momentos de lucidez me recordaba a mí mismo que el Dr. Nassif era médico. Había recitado el mismo Juramento Hipocrático que yo, el cual empezaba con las palabras: «Primero, no dañar». Seguro que tenía que saber que, al dejarme solo, herido y desvalido, estaba dañándome, pero ¿por qué? Obviamente, todo se reducía a dinero. Había decidido matarme para obtener un beneficio financiero. El sol se elevó y se puso una y otra vez, pero no vino ninguna ambulancia.

En 2014, yo vivía en Roma (Italia) cuando el Dr. Nassif contactó conmigo y me invitó q venir a Estados Unidos para crear una nueva división en su consultorio y tratar a pacientes urológicos. Yo no tenía interés en regresar a Estados Unidos en esa época, fue él quien me buscó.

Otro grupo de urólogos, Urology Health Group, ya tenía una presencia bien establecida en el área, incluso mantenían buenas relaciones con los administradores del hospital local. Este grupo se había enfrentado a Nassif, incluso boicoteando sus tratamientos de radioterapia para los pacientes, pero Nassif no me advirtió sobre los estrechos lazos que había entre esos médicos y los hospitales locales. Se había referido de forma casual a la mala sangre, pero la realidad era que el grupo de urología se había negado a tratar a ninguno de los pacientes de Nassif con complicaciones relacionadas con la radioterapia del cáncer de próstata. Eso es lo que había inspirado a Nassif a contratar a su propio urólogo: yo.

¿Debería haber comprendido que el grupo de urología iba a reaccionar tan mal a un extrajo que llegaba con potencial para dañar el lucrativo negocio que tenían, dirigidos por el Dr.

Luis Perez? Tal vez. Pero Nassif me había ocultado la verdad. Quería a alguien con un potente currículo y la capacidad de liderazgo suficiente para establecer una división de urología competitiva y atender a los pacientes con problemas urológicos, y yo era el candidato ideal. Traían conmigo una vasta experiencia y técnicas quirúrgicas innovadoras, y parecía que Nassif reconocía mi valía, porque se había ofrecido a pagarme una bonita cantidad.

Como todo el mundo sabe, tiene una gran población de ciudadanos mayores y retirados. Muchas de estas personas sufren problemas urológicos, incluyendo cáncer de vejiga y próstata. De este modo, era la situación ideal para que Nassif pusiera en marcha un consultorio que ofrecía tratamiento por radiación, y contratarme para hacerme cargo de la parte de cirugía, aunque el grupo de urología de la ciudad me había boicoteado. Creía que los hospitales locales estaban equipados para manejar el tipo de trabajo que yo necesitaba hacer: ofrecer una atención adecuada al paciente. Todo parecía bien.

Así que en enero de 2014 me fui de Roma, donde había establecido un consultorio y estaba considerando la posibilidad de crear una nueva división de Urología en la Universidad de Roma, y regresé a Estados Unidos, aceptando lo que inicialmente parecía una buena oferta acreedora de mis habilidades y experiencia.

Sin embargo, pronto comprendí que las cosas no eran lo que parecían. Nassif me había pintado una situación enormemente inexacta de la situación real del mercado, y en realidad su consultorio tenía problemas. La competencia en urología también daba terapia de radiación en la próstata, compitiendo directamente con el Dr. Nassif y comiéndose sus ganancias. Cuando vi los números, me resultó obvio que el área no podía soportar otro consultorio de Urología. Desilusionado, me puse en contacto con reclutadores y rápidamente empecé a buscar otro trabajo. De hecho, tenía una entrevista en Clearwater, Florida, programada para dos días después de mi accidente, pero obviamente no pude asistir. Nassif estaba sobrepasado, pero teníamos un acuerdo financiero y había poco que pudiéramos hacer.

Nuestra relación se volvió más tirante. Había estado haciendo reparaciones quirúrgicas de hidrocele en la consulta y otras cirugías en las instalaciones para pacientes ambulatorios usando anestesia local mientras esperaba a que me concedieran permiso para operar en el hospital.

Nassif me dijo: «Estás haciendo un buen trabajo, Dino». Pero todavía tienes que enviarme más pacientes para tratar su cáncer de próstata con radioterapia.

Estaba haciendo un buen trabajo tratando a pacientes y haciéndome un nombre en el área, pero, como ya expliqué anteriormente, mis opciones quirúrgicas preferidas no generaban tantos beneficios como los tratamientos con radiación. Asimismo, me mantuve firme en lo relativo a conservar mis valores éticos y estándares de asistencia. Es más, Nassif debía pagarme por el uso de mi equipo, y muy pronto se convirtió en un gasto del que no podía hacerse cargo.

Mi accidente era un golpe de suerte para Nassif. Si yo moría, todos los gastos asociados a mi departamento morirían conmigo. Ya no tendría que pagarme el salario o el alquiler del equipo, del cual había acumulado ya varios meses de retraso, y sería libre de dirigir su consultorio en dificultades de la forma que considerase oportuno. Yo creo que esta era la esencia de la conversación que tuvo con su abogado mientras yo yacía en agonía sobre el piso. Estaba decidiendo cómo podía dejarme morir sin ser culpable. Finalmente, ambos acordaron que simplemente debería irse, dejándome indefenso y solo. No veo otra forma de describir estas acciones que no sea conspiración para cometer asesinato.

Pero el universo tenía otros planes.

CAPÍTULO CUATRO

Mi muerte

Mi accidente ocurrió la semana antes del fin de semana del Día de los Caídos. No fue hasta el martes por la mañana, cuando falté en la consulta a las ocho de la mañana, cuando mi personal empezó a preguntarse si ocurría algo.

Dos de mis empleados más leales y en quienes más confiaba eran mi gerente, Maria, y mi enfermera, Courtney. Maria era una mujer atractiva de cabello rubio corto, casada y con dos hijos. Era una gerente muy entregada a su trabajo, que nunca se rendía y siempre encontraba una solución para los problemas asociados a la puesta en marcha de mi consultorio. Courtney, también atractiva, medía un metro setenta y tenía el cabello castaño, era un regalo del cielo en lo referente a las relaciones interpersonales con los pacientes. A mis pacientes les encantaban Maria y Courtney.

Había contratado a ambas personalmente, proporcionándoles su primer empleo en medicina urológica, y Nassif apenas tenía control sobre ellas. Las estaba formando, porque siempre he creído que ser el mentor de alguien, construir relaciones basadas en la confianza y ofrecer oportunidades a las personas son elementos esenciales de los lazos que deben formarse entre un médico y su personal. Las personas que trabajan en tu consultorio no son tus sirvientes, son miembros de un equipo cuyo trabajo es ayudarte a dar lo mejor de ti mismo y proporcionar a los pacientes la mejor atención posible.

Antes de la hora programada para que yo hiciera un reconocimiento físico a un paciente, ellas ya se habían encargado de rellenar la ficha del paciente, así como de registrar los signos vitales, análisis de orina, historial médico y demás información pertinente, todo ello incluido en el registro médico del paciente. Este trabajo llevaba mucho tiempo, así que delegaba en mi personal para aumentar mi eficiencia. Además, esto proporcionaba a mi personal una sensación de realización e implicación en la atención directa al paciente.

Trato bien a mi personal, enseñándoles mientras trabajan conmigo. Los miembros de mi personal han de ser dignos de confianza, pero también deben ver que tu éxito depende de que ellos estén tan comprometidos como tú con el éxito del consultorio y el tratamiento de los pacientes. Esa era la clase de relación que tenía con Maria y Courtney.

Sin embargo, Maria y Courtney temían al Dr. Nassif, que era una poderosa figura de la comunidad médica musulmana local. Tenía el apoyo de muchos médicos musulmanes de la comunidad y, al ser unas recién llegadas en la especialidad,

Maria y Courtney no querían enfrentarse a él y dañar sus perspectivas futuras y carrera profesional.

Nassif era un hipócrita, un falso musulmán que bebía alcohol comía cerdo y no vivía conforme a los ideales de su fe. Ridiculizaba constantemente a sus colegas musulmanes por sus interacciones sociales con la comunidad.

Un día, le dije: «Bebes vino y licores, comes cerdo y no vives conforme a las creencias de tus colegas musulmanes. ¿Por qué dices que eses musulmán?».

Él me respondió: «Lo hago por motivos políticos y por el negocio. Ya ves, los musulmanes tienden a referir sus pacientes a un médico musulmán, así que se trata de una forma de autoconservación para mí y para mi consultorio».

Cuando convocó a mi equipo a su consultorio el 26 de mayo de 2015, justo después de mi accidente, no sabían qué podía querer de ellos. Resultó que quería que firmaran papeles en los que declaraban que no me proporcionarían ningún tipo de asistencia, sin decirles a qué se refería. Y, lo que, es más, los documentos incluían una cláusula de confidencialidad, lo que significaba que, cuando conocieran mi situación, no podrían decirle a nadie lo que estaba sucediendo.

Aun así, yo seguía sin aparecer y ellos estaban preocupados. Como seres humanos decentes, sentían la necesidad de llegar hasta el fondo de lo que estaba sucediendo. Me llamaron en repetidas ocasiones, pero no obtuvieron respuesta, ya que mi teléfono no tenía batería. No era propio de mí no contestar al teléfono, así que, después de intentarlo durante varias horas, decidieron venir en auto hasta mi casa y comprobar cómo estaba. Sabían que había salido de mi hotel en Nueva Orleans más de una semana antes, pero ¿había vuelto de verdad de la conferencia de la Asociación Americana de Urología? Sabían que estaba solo, y tal vez estuviera enfermo.

Como empleados de confianza, habían estado muchas veces en mi casa y tenían el código de la verja de entrada. Entraron en la propiedad, llamaron al timbre e intentaron abrir la puerta, que Nassif debió haber dejado abierta. Ya dentro de la casa, gritaron mi nombre, pero yo estaba inconsciente en el piso de mi dormitorio, aplastado y sufriendo una intensa agonía.

Como mencioné anteriormente, estoy reconstruyendo estos acontecimientos a partir de retazos de mi memoria y la información que me dieron otras personas después de los hechos. Tal y como me explicó mi neurólogo, las toxinas del fallo renal se abrieron paso hasta el cerebro y afectaron el sistema límbico y el hipocampo, encargado de controlar la memoria. Una vez dichas toxinas están presentes por un periodo de tiempo suficientemente largo, pueden destruir temporal o permanentemente las neuronas y los recuerdos.

Mientras hacía desvalido, viendo cómo el sol se alzaba y se ponía en mi estado de aturdimiento con breves periodos de conciencia, ¡ocurrió algo milagroso! Fue la experiencia más maravillosa que haya tenido nunca. Estaba abrumado por la dicha, renacido a un estado de alerta e inmediatamente consciente de todos y cada uno de los detalles de mi entorno. Ya no sentía dolor y me sentía ingrávido y libre para moverme sin restricción alguna. ¿Qué estaba ocurriendo?

Era como si estuviera flotando cerca del ventilador del techo y mirase hacia abajo y viera a un hombre enterrado bajo una pila de cajas en el piso. Cuando miré con más atención, comprendí que ese hombre era yo. «¿Estoy muerto?», me pregunté. «¿Me morí? ¿Esto es la muerte?» Todavía podía verme los brazos y las piernas, pero no sentía ningún dolor. Era como un espíritu, podía volar, y una sensación de ingravidez absoluto esplendor se había apoderado de todo mi ser.

En cuanto comprendí que estaba fuera de mi cuerpo, contemplándome a mí mismo desde arriba, me vi arrastrado a un mundo maravilloso que se me apareció como nubes que me rodeaban desde todas las direcciones. No poseía la habilidad de moverme por mí mismo, pero me sentí empujado hacia arriba, hacia un hermoso, sereno y brillante túnel opaco de nubes. Sentí una brisa en mi rostro y me invadió una sensación de dicha y paz, sin una sola preocupación en el mundo.

Los laterales del túnel estaban jalonados por rostros y escenas de mi vida. Fui transportado hacia arriba durante lo que me pareció media hora de la experiencia más maravillosa a la que me he entregado. Por fin me detuve en un lugar donde parecía que terminaban las nubes. Eran como penachos de humo que se movían hacia afuera desde el centro del túnel, como si un géiser las impulsara hacia las paredes.

Todavía flotando en un estado de ingravidez, entonces oí una voz masculina que hablaba en un idioma que no reconocí. Era una voz cálida, amable y paternal que me brindó una tranquilidad absoluta. Escuché con atención, intentando descifrar lo que estaba diciendo, pero era como si no fuera necesario que lo entendiera. ¡En lugar de eso, lo sentí! Las palabras me infundieron una sensación de calma, y no sentí miedo por nada.

Mientras la voz hablaba, las nubes se movían con el sonido de cada palabra. Yo estaba sobrecogido, incapaz de expresar lo que estaba sintiendo. Mientras escuchaba, oí voces que susurraban en un segundo plano. Me quedé mirando la resplandeciente muralla blanca de nubes, y se me concedió el sentido de la comprensión. Mi alma era capaz de descifrar las palabras, dejándome en el estado más pacífico que he experimentado. Fue un periodo de atemporalidad y éxtasis, y no deseaba que terminara.

No sé cuánto tiempo transcurrió mientras se me transmitía este mensaje, pero me transformó de un modo que no se puede describir con palabras. Estaba encantado, como una polilla alrededor de una bombilla, recibiendo un mensaje que no entendía.

De repente, fui transportado a través del túnel de vuelta a la Tierra, y sentí un dolor angustioso. Mi cuerpo se convulsionaba con picos de electricidad que me atravesaban. Creo que esto fue cuando morí y entré en asistolia, más conocida como parada cardiaca. Los técnicos médicos de emergencias tuvieron usar un desfibrilador para restaurar el ritmo cardiaco normal y detener la arritmia con ayuda de la electricidad. Llegados a este punto, debo explicar que cuando se padece fallo renal, los riñones no pueden excretar el potasio. Cuando se acumula demasiado potasio en la sangre, impide que lata el corazón, provocando un tipo de paro cardiaco llamado asistolia. Para reiniciar el corazón, se puede usar un procedimiento llamado cardioversión, que consiste en administrar al corazón corrientes eléctricas, junto con medicamentos para reducir los niveles de potasio.

Me resulta asombroso que pueda recordarlo todo lo relacionado con esa experiencia, pero muy poco de lo que sucedió antes o después. Aparentemente, tuve una experiencia cercana a la muerte y eso cambió completamente mi vida. Lo recuerdo vívidamente y a menudo desearía no haber abandonado nunca ese estado de dicha y no haber regresado a la Tierra, pero ese día Dios me dio un mensaje.

Creo que la voz masculina probablemente era Jesucristo diciéndome que tenía que lograr más cosas en mi vida para ayudar a otros. ¿Estaba escrito que debía continuar con la práctica de la medicina, ayudando a mis pacientes? ¿O debía escribir estas palabras para que si tú, el lector, tuvieras alguna duda sobre la existencia de Dios o Jesucristo, no volvieras a dudar nunca? Mientras escribo esto, todavía se me pone el vello de punta al revivir esa experiencia en mi mente. Lector, ¡despierta! Hay un Dios, Jesucristo y el cielo, y estoy deseando regresar para vivir de nuevo la magnificencia que nos ofrece Dios. ¡Que Dios nos bendiga a todos!

Me contaron que, cuando Maria y Courtney entraron en el dormitorio y me vieron tendido al lado de mi teléfono sin batería y mi bastón, con las cajas aplastándome las piernas, gritaron de la conmoción. Una de ellas sacó inmediatamente su teléfono del bolso y llamó a una ambulancia, mientras la otra movía las cajas me han dicho que con bastante facilidad para liberar mis piernas hinchadas y gravemente heridas. Esperaron junto a mí, sabiendo que lo mejor era no tocarme hasta que llegaron los técnicos de emergencias unos quince minutos más tarde. A esas alturas, yo había entrado en coma y el fallo renal era tan grave que entré en paro cardiaco debido a los elevados niveles de potasio en mi sangre. Los técnicos de emergencias tuvieron que desfibrilarme y reiniciar mi corazón dos veces en la ambulancia de camino al hospital.

Cuando Sofia llamó a Maria o a Courtney y supo que yo estaba en el hospital, no lo podía creer. Había enviado a Nassif a mi casa para ver si yo estaba bien, y no entendía por qué no había llamado a una ambulancia al encontrarme en unas condiciones tan terribles. Supuso que debía haber habido algún problema de comunicación. Sin embargo, creo que, si alguien comprobase los registros telefónicos de Nassif y triangulase su ubicación, descubriría que su única llamada aquella tarde había sido a su abogado, Kenneth Weise.

Mis recuerdos de lo que sucedió a continuación han desaparecido totalmente, aparentemente debido a las toxinas que habían llegado hasta mi cerebro. Pero puedo decir esto sin miedo a equivocarme: si Maria y Courtney no hubiesen venido a rescatarme, estaría muerto, exactamente como había planeado Nassif.

Los técnicos médicos de emergencias me llevaron al hospital, y más tarde los médicos me dijeron que, si no hubiera recibido atención médica en unas horas, habría muerto. De hecho, cuando llegué al hospital, no esperaban que sobreviviera. Me hicieron escáneres de las piernas y el cerebro, y una batería de análisis de sangre confirmaron que había entrado en coma debido a un fallo renal agudo.

Además del fallo sistémico multiorgánico, a mi corazón le ocurría algo más, así que realizaron una ecocardiografía transeofágica. Para hacerlo, me insertaron una sonda por la boca, pasando por la garganta hasta el esófago para obtener imágenes por ultrasonidos de mi corazón. Esto reveló la presencia de vegetación cardiaca (crecimiento bacteriano) en una de las válvulas de mi corazón, una enfermedad conocida como endocarditis. Esto les confirmó que un tipo de patógeno o bacteria transportado por la sangre era lo que me estaba produciendo la fiebre alta. Probablemente fuera el resultado de una de las heridas que tenía en la pierna derecha producida por las cajas sucias, que me había inoculado una infección, que se transportó a través de la sangre e infectó las válvulas cardiacas.

Después de consultar con un cirujano cardiaco, el equipo decidió que necesitaba cirugía de sustitución de válvula cardiaca inmediatamente. Pero cuando consultaron a un especialista en enfermedades infecciosas/medicina interna/

cardiología, probablemente uno de los mejores médicos del equipo, y este revisó las imágenes por ultrasonido, pensó que probablemente fuera mejor intentar una terapia con antibióticos. Así que había un conflicto.

Parece que los cirujanos cardiacos hubieran nacido para abrir a la gente, y para ellos sustituir una válvula cardiaca es pan comido. Pero hay importantes efectos secundarios, especialmente cuando el paciente sufre fallo renal agudo y está sometido a diálisis, como era mi caso. Las probabilidades de sangrado excesivo son altas.

Para administrarme los medicamentos y poder someterme a diálisis, los médicos me colocaron un catéter venoso central, que consiste en un tubo largo insertado en la vena subclavia que recorre el brazo derecho desde justo por encima de la clavícula y llega hasta cerca del corazón. Los registros indican que me sometieron a diálisis inmediatamente, pero cuando las toxinas alcanzan determinado nivel en el torrente sanguíneo, deben eliminarse lentamente para evitar que el paciente entre en shock. También existe la posibilidad de que se produzca una hernia en el tronco encefálico, lo que puede sumir al paciente en un estado vegetativo debido a los cambios en los fluidos que tienen lugar en el proceso. Tuvieron que someterme a una diálisis lenta dos veces al día durante un mes, y permanecí en estado comatoso casi todo ese tiempo, lo que generaba riesgos aún mayores.

Cuando miro las facturas médicas, me asombra la cantidad de médicos que tuvieron que trabajar codo con codo para mantenerme con vida. Desde nefrólogos para mis riñones a neurólogos para mi cerebro, cardiólogos y cirujanos cardiacos para mi corazón, especialistas en medicina interna y en enfermedades infecciosas... Creo que fui un verdadero reto, y estoy muy agradecido a todos ellos.

Cuando Sofia descubrió que estaba en el hospital, de inmediato comenzó el viaje de regreso a Florida para verme. Estaba en libertad bajo fianza pagada por ella misma, y su fiador judicial le había dicho que era libre de ir a donde quisiera siempre y cuando regresara al juzgado el 5 de junio. Sin embargo, Sofia no tenía dinero ni tarjetas de crédito o documentos identificativos. ¿Cómo se suponía que iba a llegar desde Indiana a Florida si no podía alquilar un auto, tomar un autobús o un avión? La policía no iba a ayudarla, desde luego.

Sofia y su hijo Dick salieron de Noblesville, Indiana caminando por la carretera. Dos mujeres con un adolescente se detuvieron y los llevaron hasta cerca de la frontera estatal de Indiana. Siguieron viajando así, dependiendo de la ayuda de extraños durante todo su viaje desde Indiana a Florida. Cuando ya se encontraban a cincuenta millas de Resort City Beach, Sofia llamó a Courtney y Maria, quienes la recogieron y la trajeron directamente a mi habitación en la unidad de cuidados intensivos del hospital.

Cuando la vi, hablamos como siempre lo habíamos hecho en el pasado, pero no recuerdo nada de eso. Me visitó todos los días, pero siempre hablábamos de las mismas cosas, porque nunca recordaba lo que habíamos hablado el día anterior. No recordaba el arresto de Sofia, ni lo que había sucedido durante esos días perdidos en mi dormitorio. En lo que se refería a mi cerebro, no había ido a la conferencia de Urología en Nueva Orleans. Habían desaparecido meses de mi vida, y nunca regresaron.

Cuando me dieron el alta en el hospital, hablé con muchas personas, intentando unir las piezas de ese periodo de mi vida. Cuantas más cosas oía, más horrorizado estaba por la forma en que me había tratado el Dr. Nassif. Pregunté a Maria y Courtney qué había ocurrido en el consultorio en mi ausencia, para poder presentar la denuncia policial. Necesitaba su ayuda y asistencia para mostrar el individuo tan depravado que era el Dr. Nassif. De hecho, quería que lo acusaran de intento de homicidio por dejarme en mi dormitorio para que muriera.

Beatrice, una de mis auxiliares de enfermería, me contó que, cuando ocurrió el incidente, el Dr. Nassif había llamado a Maria, Courtney y Rosie (la recepcionista) a su despacho. Las obligó a firmar acuerdos de confidencialidad en los que se indicaba que no debían ayudarme, comunicarse conmigo o hablar de este asunto con nadie. Todo aquello confundió y aterrorizó a Rosie, Courtney y Maria. De hecho, cuando fui a presentar la denuncia en la policía contra Nassif, Maria y Courtney le dijeron a Beatrice que ellas no podían declarar debido al acuerdo que habían firmado. Sin embargo, Rosie, una mujer muy íntegra, no temía ni a la verdad ni al Dr. Nassif. De hecho, había permanecido al lado de mi cama durante muchos días para hacerme compañía.

En noviembre de 2015, Beatrice me dio una declaración jurada ante notario en la que se incluían detalles del intento de asesinato de Nassif, y cómo intentó usar los contratos de confidencialidad y no divulgación para impedir que la verdad saliera a la luz. Dado que el intento de asesinato no prescribe, esto deja la puerta abierta para el futuro. Siempre estaré agradecido a todos mis ayudantes médicos por lo que hicieron por mí.

Este es el texto de la declaración jurada de Beatrice:

> Declaración jurada de Beatrice Newman-Ballinger, enfermera registrada y terapeuta masajista acreditada.
>
> 23 de noviembre de 2015
>
> Re: Dr. Dino Panvini (confidencial y protegido); Dr. Abdul Nassif; Kenneth Weise, abogado; Courtney Addington y Maria Ewing Duff.
>
> El 8 de agosto de 2015, hablé cara a cara con Maria Duff, enfermera acreditada, con quien previamente trabajé en el Centro de Urología, junto con Courtney Addington, gerente administrativa, y el Dr. Dino Panvini. Lamentablemente, yo tuve que dimitir de mi puesto como enfermera el 8 de mayo de 2015, debido a un accidente de automóvil casi mortal en el que se vio envuelto mi padre en Alabama,

ocurrido el martes 30 de abril de 2015. Regresé de Alabama el 8 de junio de 2015.

El 8 de agosto de 2015, Maria Duff, enfermera registrada relató un acontecimiento casi fatal relativo al Dino Panvini. Dino Panvini. Me relató que el Dr. Panvini dejó el Centro de Urología después de haber visto a todos los pacientes el martes 11 de mayo de 2015, para preparar su partida el miércoles 12 de mayo de 2015 para asistir a la conferencia de la Asociación Americana de Urología en Nueva Orleans. Se esperaba que regresara de Florida el martes 19 de mayo de 2015, y que estuviera en su consulta el martes 26 de mayo de 2015. Sin embargo, el Dr. Panvini no se puso en contacto con su consultorio el 26 de mayo de 2015 para notificar que estaría fuera y para reprogramar las citas de sus pacientes. Courtney y Maria intentaron ponerse en contacto llamando al teléfono celular y al teléfono fijo de la casa, sin obtener respuesta.

Según Maria Duff, enfermera registrada, ella y Courtney Addington, gerente administrativa, contactaron con el Dr. Nassif (del Centro Oncológico en Resort City Beach, Florida), el socio del Dr. Panvini, el miércoles 20 de mayo de 2015, respecto a la ausencia del Dr. Panvini. Sin embargo, el Dr. Nassif no fue a comprobar cómo estaba su socio hasta tres días después, el viernes 22 de mayo de 2015, encontrándolo en un estado debilitado con cajas de libros encima de su cuerpo.

Después de esta reunión cara a cara con Maria Duff, enfermera acreditada, el 8 de agosto de 2015, llamé inmediatamente a Courtney Addington, gerente administrativa del consultorio, para discutir los acontecimientos que habían tenido lugar desde el miércoles 19 de mayo de 2015 al martes 26 de mayo de 2015. Courtney me hizo exactamente la misma descripción de las atrocidades que había cometido el Dr. Nassif el viernes 22 de mayo de 2015.

¡Este es «el resto de la historia»! Maria me había contado que el Dr. Panvini había sido ingresado en el hospital HPMC Resort City Beach el martes 26 de mayo de 2015, después de que City Beach y Maria fueran a su casa para comprobar cómo estaba, encontrándolo en la misma posición contorsionada, con todas las cajas de libros aún sobre su cuerpo, desde su colapso el miércoles 19 de mayo de 2015. Inmediatamente llamaron al 911 y el Dr. Panvini alzó los ojos y los brazos para decir: «Gracias por salvarme la vida», al tiempo que se desmayaba. Cuando el Dr. Panvini fue introducido en la ambulancia, se le detuvo el corazón y los técnicos médicos de emergencias tuvieron que usar el desfibrilador dos veces. El Dr. fue ingresado directamente en la UCI del hospital HPMC, entrando en fallo renal y coma. Los médicos y enfermeras les dijeron a Maria y Courtney que no habría sobrevivido si hubieran tardado un minuto más en procurarle cuidados de emergencia. Maria me contó que el Dr. Panvini estuvo ingresado en el hospital HPMC durante dos meses antes de ser transferido al Health North.

El 8 de agosto de 2015, después de oír todas las atrocidades cometidas por el Dr. Abdul Nassif, y habiéndome contado Maria que el Dr. Panvini estaba actualmente en rehabilitación en Health North, me dirigía a Health North, pero la recepcionista me dijo que había sido dado de alta recientemente. Llamé a Maria para conseguir el número de celular del Dr. Panvini. Le dejé un mensaje en referencia a todos los hechos de los que Maria y Courtney acababan de informarme, y para que supiera que había intentado visitarlo en Health North.

Deseo que se sepa que el Dr. Nassif llamó a su oficina a Courtney y Maria después de su rescate del Dino Panvini. Panvini el martes 26 de mayo de 2015, y exigió las llaves de la oficina del Dr. Dino Panvini, despidiéndolas en ese mismo instante sin aviso previo ni motivo. ¡El Dr. Nassif incluso fue más lejos, exigiéndoles por escrito, que no debían tener «ningún contacto con el Dr. Panvini»! Maria relató que el Dr. Nassif les dijo que, si mantenían algún contacto con el Dr. Dino Panvini, serían inscritas en una «lista negra», impidiendo de ese modo que cualquier otro empleador potencial las contratara.

Tuve otro contacto con el Dr. Panvini a través de teléfono celular el 22 de octubre de 2015, para discutir las atrocidades cometidas por el Dr. Nassif. En un detallado relato de los acontecimientos descritos por Courtney, Maria e incluso el Dr. Panvini, ¡el Dr. Nassif intentó maliciosamente causar daño al Dr. Panvini! El Dr. Abdul Nassif usó la tarjeta de crédito profesional el jueves 22 de mayo de 2015 para comprar un sándwich Subway para el Dr. Panvini. Antes siquiera de tocar al Dr. Panvini, el Dr. Nassif efectuó una llamada a su abogado, Kenneth Weise, para solicitar consejo legal. Incluso en su estado debilitado, el Dr. Panvini oyó de pasada la conversación que el Dr. Nassif mantuvo con el abogado Kenneth Weise. El Dr. fue encontrado paralizado y lisiado sobre el piso de su dormitorio en su propia residencia, bajo cajas de libros y diplomas que había intentado mover de un lugar a otro, cuando perdió la conciencia el martes 19 de mayo de 2015. El

Dr. Panvini atestiguó el hecho de que el Dr. Abdul Nassif, encontrándolo en este estado tan debilitado, procedió a dar medicación al Dr. Panvini y depositó el sándwich de Subway al lado de su cuerpo. El Dr. Panvini declaró que el Dr. Nassif lo dejó en estas condiciones y abandonó su casa del 2020 Harbor Drive, Resort City Beach, Florida, y nunca llamó al 911 ni regresó.

Basándome en estos hechos, yo, Beatrice Newman-Ballinger, enfermera registrada y LMT, por la presente entrego esta Declaración Jurada como «testigo» en el intento de homicidio del Dr. Dino Panvini por parte del Dr. Abdul Nassif. Kenneth Weise, abogado, podría ser cómplice del Dr. Nassif en este crimen. ¡Espero que se haga justicia!

Respetuosamente,

Beatrice Newman-Ballinger, enfermera registrada y terapeuta masajista acreditada.

P.D. Mi información de contacto es…

La policía del condado era tan corrupta que estaba dispuesta a hacer cualquier cosa para proteger a Nassif, porque era un médico destacado de la comunidad. Debido a mi frágil estado físico, me vi limitado a usar un caminador y no podía conducir. Así que me puse en contacto con la oficina del sheriff para que uno de los agentes de policía viniera a mi casa para tomarme declaración oficialmente sobre el intento de homicidio del Dr. Nassif. Sin embargo, la policía se negó rotundamente a hacerlo porque le conocían.

Más tarde, Beatrice me dijo que la policía protege a sus médicos, sean cuales sean los hechos. Esto es muy preocupante, ya que se supone que la policía está para hacer cumplir la ley. Tienen obligación de tomar declaración sobre los comportamientos criminales, ¡pero se negaron a tomarme declaración a mí! Esto muestra el nivel de corrupción policial en Resort City Beach, Florida.

CAPÍTULO CINCO

El robo

Pasé muchos meses recuperándome en centros médicos de Resort City Beach. Me sometí a diálisis, a numerosas cirugías y procedimientos, así como a fisioterapia recuperativa, todo ello mientras mantenía el régimen de tratamiento necesario para mi diabetes. Había sufrido daños físicos y mentales generalizados; se me habían aplastado las piernas y los músculos necesitaron mucho tiempo para recuperarse. Antes del accidente ya necesitaba un bastón para caminar, y ahora era incluso peor. Cuando abandoné el hospital, usaba un caminador.

Asimismo, después de mi accidente, estaba desesperadamente asustado ante la posibilidad de caerme y no tener forma de contactar con el mundo exterior. Llevaba el celular en una bolsita que me había hecho y me colgaba al cuello con una cuerda, para tenerlo siempre encima, por si acaso me caía y no podía levantarme. Incluso contemplé la posibilidad de hacerme con un dispositivo de alarma médica First Alert, pero pensé que el celular era mejor solución.

El costo mental de mi calvario era probablemente mucho peor que el daño físico. Conservé totalmente el uso de las manos, así que, en cuanto pude sostenerme sobre mis pies y mis órganos comenzaron a funcionar adecuadamente, podría haber vuelto a practicar la medicina, e incluso a operar pacientes. Pero mi mete no estaba como antes, y había grandes espacios en blanco en mi memoria.

Estoy convencido de que, si Connor Truman y Veronica Fischer no hubieran conspirado con los Morelli y mi exmujer, nunca me habría ido de Arizona y nada de esto habría ocurrido. Habría seguido practicando la medicina en Arizona si mi exmujer y sus cómplices no hubieran invadido malintencionadamente mi vida con la intención de destruirme.

No recordaba haber asistido a la conferencia de Urología en Nueva Orleans. Había desaparecido toda una semana de mi vida. Los días que pasé atrapado en mi dormitorio existían en mi memoria únicamente como una serie de relámpagos fugaces de recuerdos, creándome periodos de gran ansiedad. Recordaba cómo me cayeron las cajas encima. Recordaba a Nassif mirándome desde arriba mientras yo yacía allí en agonía, hablando con su abogado Kenneth Weise en lugar de llamar para pedir ayuda, ofreciéndome comida y bebida que era peor para mi salud que si no hubiera comido nada, y sentándose finalmente a mi lado con una sonrisa sardónica, preguntándome si quería que llamara una ambulancia, sabiendo todo ese tiempo que no iba a hacer nada. Y recordaba a Maria y Courtney, mis verdaderas salvadoras, cuando me encontraron y por fin pidieron ayuda, salvándome la vida literalmente cuando estaba a las puertas de la muerte.

En el hospital continué entrando y saliendo de un estado de inconsciencia. Estuve inconsciente durante largo tiempo, mientras me limpiaban el organismo mediante diálisis, me reparaban el corazón con antibióticos y mis órganos volvían lentamente a funcionar con normalidad. Pero incluso cuando estaba despierto, la vida era como una nebulosa. No recordé casi nada de mi estancia en el hospital hasta muy recientemente, aunque ahora mis recuerdos de aquella época han vuelto casi completamente.

Por ejemplo, aparentemente mi amiga Sofia Lombardi me visitó varias veces. Y, aunque su madre, Helen, me aseguró que Sofia y yo habíamos pasado muchas horas juntos mientras me recuperaba de mis lesiones y dolencias, no recuerdo una sola conversación entre los dos.

Lo que es más, no hay ninguna fotografía, publicación en redes sociales ni ninguna otra cosa que indique que Sofia estuvo alguna vez en mi habitación del hospital. La única forma que tengo de saber con seguridad que ella —y, más concretamente, *Dick*— vinieron a Florida después de mi accidente es que me robaron en mi casa mientras estuve hospitalizado.

Dick, el hijo de Sofia, era delgado y de aspecto enfermizo debido a su drogadicción y abuso crónico de la heroína. Relativamente bajo para su edad, parecía estar siempre enojado, como le sucede a la mayoría de los ladrones. Cuando regresé a casa del hospital, descubrí para mi horror que Dick había saqueado mi casa. Había desaparecido todo el dinero, junto con la pistola Glock que había comprado para mi protección mientras vivía en el oeste, botes de medicamentos con receta, una colección de monedas de oro y muchos otros objetos de valor.

Para Dick fue un golpe de suerte que acabara de regresar a Estados Unidos desde Italia, y que, debido a la tensa situación entre mi exmujer y yo, había sido reacio a meter todo mi dinero en el banco. En la casa había unos 250.000 dólares en metálico, junto con aproximadamente otros 100.000 en monedas de oro: monedas del águila, monedas del búfalo, monedas Liberty y Krugerrands. Algunas me las había regalado mi padre y otras las había coleccionado yo como vehículo de inversión. Las tenía en un álbum para guardarlas ordenadas y las almacenaba en una de las tres cajas fuertes de la casa, todas las cuales fueron abiertas y vaciadas.

Dick era un ladrón profesional que había sido arrestado anteriormente por otros casos de hurto y posesión de drogas. Puedo decir con un cien por cien de seguridad que fue Dick quien me robó y me dejó sin nada, porque hay pruebas que lo relacionan directamente con el delito. Su madre confirmó que después fue a San Diego, y allí dejo el dinero para que se lo guardase su padre, y vendió las monedas en una casa de empeños. Me asombra el obvio grado de corrupción de este drogadicto parásito y malvado criminal, que se aprovecha de alguien que está a las puertas de la muerte. Probablemente él también esperaba que me muriese. Pero Dios tenía otros planes.

Yo era nuevo en Resort City Beach y no tenía amigos en la ciudad, excepto mis compañeros de trabajo. Dick era una de las pocas personas que sabía que tenía objetos de valor en mi casa, y que no volvería a ella durante un periodo prolongado de tiempo. Helen me dijo que Dick era la única persona que había estado en mi casa a solas sin mi conocimiento. Mi intuición me dice que fue a la casa y me limpió todas mis reservas en metálico y objetos de valor como parte de un plan para escapar del país y librarse de condena por los delitos por los que Sofia y él habían sido arrestados en Indiana.

Nunca me había gustado Dick Lombardi. Durante todo el tiempo que lo conocí, que únicamente fue a causa del estrés y los problemas que le causaba a su madre mientras estuvimos juntos, siempre fue un drogadicto y un delincuente. Sofia me contó que Dick se inyectaba heroína y otras drogas, además de fumar narcóticos, y que había sido condenado por robo y posesión de drogas en numerosas ocasiones. Había perdido completamente el control sobre su hijo, que había estado entrando y saliendo de la cárcel desde muy joven, haciendo verdaderos estragos en la vida de su madre. Dick era un verdadero rufián.

Aun así, Sofia era ferozmente leal a su hijo, y parecía que nunca perdía la fe en que un día desarrollaría todo su potencial. Debo decir que, a pesar de sus adicciones, era un joven extremadamente inteligente, capaz de obrar milagros con las computadoras y la tecnología. Irónicamente, fue quizás su habilidad lo que le permitió abrir tres cajas de seguridad en mi casa sin saber ninguna de las combinaciones.

Tanto Sofia como Dick debían estar de vuelta en Indiana el 5 de junio para presentarse en el juzgado, pero no tenían dinero ni ninguna fuente de ingresos. Tomar el dinero que había en mi casa le proporcionaría a Dick los medios para poder escapar si eso era lo que decidía hacer... lo cual es exactamente lo que tenía en mente.

CAPÍTULO SEIS

Corrupción legal

Lo que tengo que decir ahora está basado enteramente en información de otras fuentes: artículos de periódicos, noticias de TV, Internet, transcripciones judiciales, transcripciones de interrogatorios personales y testimonios de otras personas. Todo ocurrió mientras yo estaba en el hospital recuperándome de mi accidente, y no estuve implicado de ninguna forma en nada de ello.

Dado que estuve incapacitado e incluso comatoso durante varios meses, no supe que Sofia y su hijo toxicómano, Dick, habían sido arrestados en Indiana. Ni siquiera se me ocurrió preguntarme qué estaban haciendo allí. En realidad, habíamos roto antes de que sucediera todo esto (el accidente, su arresto, todo ello). Antes de los hechos, no la había visto en un mes, quizás.

Durante nuestra última conversación antes del accidente, me había contado que iba air a visitar a Dick. Él vivía en San Diego, California, donde vive su padre, pero creo que San

Diego iba a reunirse con él en algún lugar de la costa este. Para ser sinceros, el asunto no me concernía. Yo iba a dirigirme a Nueva Orleans y tenía que preocuparme de mi propia vida. Y cuando Sofia me llamó para que la sacara de la cárcel bajo fianza, mi mete estaba demasiado incoherente para pensarlo demasiado. Respondí casi instintivamente, manejando la situación tan rápido como fue posible con su propio dinero.

No fue hasta más tarde, cuando me recuperé del accidente y las intervenciones médicas y operaciones quirúrgicas que siguieron, cuando comencé a comprenderlo. Mientras estuve convaleciente, entrando y saliendo de un estado de inconsciencias, Sofia había venido a la ciudad para visitarme. Fue en esa época cuando Dick robó en mi casa y, cuando se marcharon, salieron huyendo.

Esto es lo que he conseguido sacar en claro, principalmente a través de lo relatado en las noticias. Sofia y Dick habían estado en Indiana, en casa de una abogada llamada Veronica Fischer, que había representado a mi exmujer en nuestro proceso de divorcio. Hacía bastante tiempo que no tenía ningún contacto con Fischer. Mi exmujer y ella me habían denunciado porque alegaban que no había pagado la manutención para mi hijo, aunque en realidad había cumplido con mis obligaciones mucho antes de todo eso.

Yo había despedido a mi abogado de aquella época, Michael Schmidt, porque con todo el caos que estaba viviendo en mi carrera profesional, con la mudanza desde el suroeste a Italia y el regreso, ya no me podía permitir sus servicios.

Además, había demostrado su incompetencia en muchas áreas. Mientras escribía este libro, supe que nunca había presentado los papeles para la modificación de la manutención de mi hijo, a pesar del hecho de que yo no estaba trabajando. Pero, en aquella época, creí que el caso era tan claro que podría representarme a mí mismo en el juzgado.

Para mi gran sorpresa, Schmidt me había fastidiado a lo grande. Me dijo que *había* presentado los papeles para corregir el asunto de la manutención infantil, aunque en realidad no lo había hecho. Obviamente, Veronica Fischer y toda la conspiración lo habían influenciado. De hecho, probablemente lo habían comprado con dinero, como supe cuando me dieron el alta en el hospital justo antes de que Schmidt muriese.

Por desgracia, no se notificó a nadie el asunto de mi accidente y, en mi ausencia, fabricaron todo tipo de historias, intentando culparme y calumniarme. De hecho, el caso fue a juicio mientras yo estaba todavía en coma. Se suponía que Michael Schmidt iba a proporcionar pruebas al juzgado de que sí había pagado la manutención de mi hija como se me había requerido, pero no lo hizo. Aparentemente, el caso siguió juzgándose sin mi conocimiento y en mi ausencia, y después tuve que apelar debido a sus acciones fraudulentas y a que no me lo habían notificado.

Antes de despedirlo, Schmidt me dijo que había presentado todas las pruebas en el juzgado. Sin embargo, hace poco descubrí que me había mentido y me había abandonado en un momento de crisis, dejando que esos criminales me extorsionaran impunemente. Esto me lleva a la conclusión de que él formaba parte del plan para extorsionarme.

Hace muy poco conseguí las transcripciones del proceso judicial, por las que supe que Fischer y mi exmujer habían declarado falsamente que yo no había pagado la manutención de mi hija. Y, lo que es más, intentaron excluir los 66.000 dólares que les había pagado directamente alegando que ese dinero había sido un regalo, y no un pago para la manutención. ¿Por qué iba yo a hacer un regalo a mi exmujer? Quise pagar la manutención de mi hija de una vez, solucionando mis obligaciones, y eso es lo que hice. Hace poco supe que Michael había fallecido en octubre de 2017, lo que supongo que es una prueba de que el karma no caduca.

Mientras escribía este capítulo, de nuevo me llegaron papeles de los servicios de protección al menor amenazándome con retirarme el pasaporte y la licencia médica, junto con otras cuestiones absurdas, todas las cuales eran falsas y ya estaban solucionadas. El mantra de Chelsea era destruirme a toda costa. ¡Es infatigable!

Cuando Sofia fue arrestada en 2015 mientras yo estaba en coma, le encontraron una jeringuilla. Después de que fuera liberada, se analizó la sustancia y descubrieron que contenía succinilcolina, una droga que utilizan los anestesistas durante las operaciones de cirugía. Entonces la oficina del sheriff emitió una orden de arresto para Sofia y Dick, y los fiscales los acusaron de conspiración para cometer asesinato.

Hay demasiadas cosas de este incidente que me tienen confundido. Tal vez lo más desconcertante (por lo menos para mí), es la jeringuilla con succinilcolina. Juro por Dios que no sé cómo la consiguió, y estoy tentado de creer que Fischer y sus cómplices le colocaron una prueba falsa. Después de todo, el esposo de Fischer era agente de policía, y trabajaba en la misma cárcel donde retuvieron a Sofia cuando fue arrestada. ¿Le colocaron la jeringuilla?

La succinilcolina es una droga de acceso muy restringido. Yo no puedo hacer una receta para esa sustancia, ni siquiera puedo pedirla para mi consultorio. Únicamente puede pedirlo un anestesiólogo bajo el auspicio de un hospital para usarlo en el quirófano, donde se utiliza para paralizar a un paciente antes de intubarlo. No había forma posible de que Sofia o yo tuviéramos acceso a algo tan peligroso, pero otra persona podría haberlo hecho. Un amigo del Dr. Morelli era el jefe de Anestesiología del hospital de Arizona. No puedo demostrar ninguna conexión, pero parece mucho más probable que alguien relacionado con el Dr. Morelli o Veronica Fischer pudieran colocar la sustancia en Sofia a que ella la pudiera conseguir por sí misma.

Su arresto, tal y como se describe en las actas del juzgado, en Internet y en las noticias, no sonaba a la Sofia que yo conocía. Unos años antes, había discutido con mi padre y no nos hablamos durante cinco o seis años, y Sofia logró que hiciéramos las paces. En 2012, mientras estaba en Tucson asistiendo a un curso sobre medicina integrativa, Sofia se puso en contacto con mi padre y lo convenció de que él y yo debíamos reunirnos. Tuve una llamada telefónica suya, después de seis años de separación, que aparentemente había orquestado ella, y esa llamada telefónica nos indujo a hacer las paces y empezar a volver a estar en contacto. Después de aquello, siempre que surgía un desacuerdo entre nosotros, Sofia llamaba a mi padre y ayudaba a arreglar las cosas. Esa era la clase de persona que era, a juzgar por mi experiencia.

Mientras escribía este libro, recibí una carta de Helen, la madre de Sofia. Cuando supo que estaba escribiendo este libro, que incluiría asuntos relacionados con su hija, sintió un temor mortal a que los abogados implicados en el caso de Sofia —en concreto Veronica Fischer y Matthew Wiley— intentaran asesinar a su hija encarcelada. Es fácil hacer que asesinen a alguien en la cárcel cuando tienes la posibilidad de pagar a otro preso, ya sea con un trueque o con un trato para reducir su condena. ¡Esto ocurre casi todos los meses en la mayoría de las penitenciarías federales, e ilustra lo corruptas y peligrosas que son las personas que describo en este libro!

La red de actividad criminal organizada y la culpa colectiva de las personas implicadas es bastante extensa, y por eso estoy usando los nombres ficticios de *Sofia* Lombardi y *Dick* para referirme a esta mujer y su hijo. También quiero dejar claro que las afirmaciones que estoy haciendo aquí no son meramente especulativas; están basadas en la lectura de las declaraciones oficiales de las personas implicadas en esta historia.

Después de leer la apelación que presentó Sofia en mayo de 2018, no me cabe ninguna duda de que Fischer y Wiley le tendieron una trampa, junto con el FBI. Todo lo que se publicó en Internet es basura. La historia real es así: Cuando Sofia estaba en la cárcel del condado de Fort Alexander, en Indiana, la examinó un consejero de salud mental llamado Rollins.

Los consejeros de salud mental no tienen permitido recetar medicamentos. Los psiquiatras son doctores en Medicina, pero los consejeros de salud mental no lo son. Según su madre, Sofia vio a Rollins, un consejero de salud mental, sin la supervisión de un doctor en Medicina, y Rollins le administró ciertos medicamentos. Así que probablemente te preguntes cómo fue posible. Esa acción es ilegal en sí misma, y ejemplifica la corrupción generalizada. Rollins, aparentemente por motivos que se aclararían más tarde, le administró un medicamento llamado Zyprexa (Olanzapina), que pertenece al grupo de medicamentos llamados antipsicóticos. Estas sustancias actúan ayudando a restaurar el equilibrio de determinadas sustancias químicas en el cerebro. Zyprexa es un medicamento muy potente que se usa normalmente para tratar la esquizofrenia, y sus efectos secundarios incluyen disminución del razonamiento, alteración de la conducta, excitabilidad, pérdida de memoria, somnolencia, aturdimiento, convulsiones y letargo. Y eso es exactamente lo que le sucedió a Sofia cuando se le administró Zyprexa.

Sofia comenzó a alucinar mientras estaba encarcelada con una compañera de celda llamada Ana López. Parece ser que López trabajaba para Fischer y el FBI para tenderme una trampa mediante la creación de un escenario ficticio, pero no pudieron implicarme porque estaba en coma, así que tuvieron que rediseñar su estrategia. Optaron por poner a Sofia en un estado de candidez inducida farmacológicamente con Zyprexa, provocando que sufriera alucinaciones y aceptara voluntariamente cualquier sugerencia. Ana López fue asignada a la celda de Sofia con ese fin.

Recuerdo d Helen se puso en contacto conmigo para decirme que Sofia estaba sufriendo alucinaciones y se caía de la cama después de que le fuera administrado ese medicamento. Parece ser que Sofia no era ella misma, hablaba de forma incoherente, intentaba atravesar las paredes con las manos, y cosas así. Rollins estaba actuando en conjunción con Fischer, el FBI y su abogado, Matthew Wiley.

Aunque estaba casado, Wiley tenía una novia llamada Jennifer Fields. ¿Adivinas quién trabajaba en el despacho de Jennifer Fields? Sí, Veronica Fischer, la abogada corrupta de mi exmujer, la que llevaba una década intentando destruirme. Obviamente, si generaba un conflicto de intereses, por lo que Matthew Wiley debería haberse recusado del caso.

Tanto Chelsea como Fischer eran implacables en sus ataques. Por desgracia, Sofia era simplemente un daño colateral después de que se derrumbara su plan para implicarme en el intento de asesinato de mi exmujer y su abogada. Se dieron cuenta demasiado tarde que yo había estado en coma todo el tiempo que duró el supuesto ataque. Así que hicieron que Rollins le prescribiera Zyprexa a Sofia para hacer que alucinara y fuera vulnerable al poder de sugestión. En este punto, debes comprender que los asesores de salud mental que trabajan en las prisiones no se encuentran sujetos a la junta médica de Indiana. Están sometidos a las normas de la cárcel. Eso le dijeron a la madre como verdad precisa. El hecho de que Wiley nunca accediera a dar el nombre de Rollins lo implica gravemente en esta conspiración. Supongo que nunca pensaron que alguien leería alguna vez las transcripciones del FBI, aunque yo no tuviera nada que ver con el caso. ¿Y adivinas qué? Los pillaron con las manos en la masa.

La madre de Sofia solicitó repetidamente conocer el nombre del consejero de salud mental, pero Wiley nunca proporcionó esa información, una postura que implica con fuerza a él y a Fischer en toda esta conspiración. Fischer y él se encuentran entre los numerosos abogados estadounidenses que usan sus licencias de abogados para cometer abuso procesal y enjuiciamiento en mala fe. Otro de los abogados de mi exmujer, Connor Truman, fue declarado culpable del mismo delito: abuso procesal y enjuiciamiento en mala fe. En 2018 lo demandé por ocho millones de dólares en el Tribunal Superior del Condado de Mohave, Arizona, ¡y gané!

Wiley y Fischer ofrecieron a Ana López un trato para que mintiera y les ayudara a implicarnos a Sofia y a mí en un asesinato por encargo. Ninguno de los cargos previos de supuesto intento de asesinato a los que se había enfrentado Sofia se habrían sostenido en un juzgado, porque no hubo ningún intento real de asesinato. Por lo tanto, tuvieron que fabricar un nuevo escenario que incluyera la conspiración directa y volviera a incluir el asesinato en la ecuación. Mientras

Sofia sufrí alucinaciones y se encontraba en un estado abierto a sugestiones, Ana creó un escenario en el cual alguien del mundo exterior podría asesinar a Veronica y Chelsea, siguiendo las instrucciones del FBI.

Helen intentó presentar un informe en la comisión médica de Indiana, pero no consiguió nada. Así es como el estado vigila a sus médicos colegiados. Dijeron que el asunto tendría que ser investigado por la prisión del condado de Fort Alexander, donde Sofia y Ana compartían celda.

¡Así es la justicia del estado de Indiana! En realidad, cuentan con consejeros de salud mental para su propio bencficio, recetando de forma ilegal medicamentos psicotrópicos muy peligrosos para los pacientes. Parece obvio que Fischer pagó a Rollins, y Wiley en ningún momento facilitó a Helen los nombres de Rollins ni del psiquiatra que parecía que llevaban el caso. Era un engaño y una trampa instigada por Rollins, en la que usó medicamentos psicotrópicos como herramienta para conspirar junto a Fischer y el FBI.

Contrataron a Ana y la colocaron en esa celda con Sofia para emplear el poder de la sugestión y susurrar a Sofia al oído lo que debía decir para implicarse a sí misma. Sin duda Sofia estaba bajo la influencia de una potente medicación que perjudicaba su capacidad de razonamiento. Mientras Sofia sufría alucinaciones, López le dijo que conocía a alguien que podría ocuparse de Veronica y Chelsea, parece que asesinándolas.

En su estado deteriorado por los fármacos, incapaz de pensar por sí misma, Sofia asintió. Así que, cuando recibió una llamada telefónica de una persona del exterior, le dijo que era un asesino a sueldo. Ana había sugerido que ese supuesto asesino a sueldo a quien ella llamaba «Dom-Dom» debería ponerse en contacto conmigo.

¡Pero eso no tiene ningún sentido! Si esa persona era realmente un asesino a sueldo y Ana podía organizar un intento de asesinato, ¿por qué tenía que formar yo parte de aquello, a no ser que la intención fuera involucrarme? Esos eran exactamente sus planes, pero se derrumbaron muy rápidamente.

Por supuesto, yo no quise implicarme y, aunque nunca me dijeron una sola palabra sobre asesinato, no quise tener nada que ver con esa situación. En esa época le dije a Helen que había cosas que no me parecían bien. «Ten cuidado. Suena como si estuvieran intentando tender una trampa a Sofia». Y eso es exactamente lo que hicieron.

Este supuesto asesino a sueldo, que era en realidad un agente del FBI, incluso contactó conmigo en casa y me dijo: «Comprendo que tienes algunos problemas con personas de las que deseas encargarte».

«No sé de qué me está hablando —repliqué—, y tampoco quiero tener nada que ver con esto». Se trató de un intento de ponerme una trampa por parte de los abogados y las autoridades legales, intentando implicarme a la vez que ofrecían un trato a Ana López, pero su plan se derrumbó.

Sofia fue declarada culpable injustamente del intento de asesinato contratado. Le denegaron la apelación y está pagando con una condena de veintisiete años. Cuando una persona debe cumplir su condena en una penitenciaría federal, deben completar al menos el 80 por ciento de la sentencia antes de poder solicitar la libertad condicional, así que Sofia deberá cumplir al menos veintiún años.

Esto muestra claramente lo corruptos que son los sistemas legal y médico de Indiana. Los abogados, Rollins y el FBI tendieron una trampa a esta pobre mujer, destruyendo su mente farmacológicamente. Construyeron el caso basándose en mentiras y engaños, y la drogaron intencionalmente e ilegalmente hasta que admitió la historia. Las transcripciones muestran que Sofia y Ana López (una delincuente reconocida) estuvieron en contacto entre ellas, al igual que Matthew Wiley y el FBI, antes de este evento, una muestra clara de que era una trampa.

Rollins, el consejero de salud mental, debería someterse formalmente a una investigación, y deberían requerirse judicialmente los registros telefónicos de sus conversaciones con Veronica Fischer. Estos pasos iluminarían al mundo sobre todas estas acciones corruptas y permitirían que se hiciera justicia.

Creo que, después de nuestra ruptura, Sofia quería volver a congraciarse conmigo. Había venido a visitarme a Italia, donde le realicé una operación de reconstrucción pélvica. También me había ayudado con algunos problemas de transporte cuando regresé a Estados Unidos para trabajar con el Dr. Nassif. Así que me resulta fácil pensar que intentaba ayudarme cuando traté de quitarme a Fischer de encima. Sofia sabía que las personas que se habían aliado contra mí podían destruir mi carrera y lo harían, y tal vez creyera que estaba en posición de salvarme de ese destino. En lo más profundo, es una persona cariñosa y considerada, y es verdaderamente triste que se convirtiera en una víctima de la conspiración contra mi persona.

Dice mucho de Sofia como amiga y como persona íntegra que nunca permitiera que yo me implicara en nada de lo que hicieron Dick y ella. A mucha gente le habría encantado encontrar la forma de implicarme en cualquier acto execrable, pero Sofia nunca mezcló mi nombre en todo eso. Siempre le estaré agradecido, por todo eso y por su amistad.

CAPÍTULO SIETE
El encubrimiento

Mientras estuve hospitalizado, un río de doctores no hacía más que entrar y salir de mi habitación. Ni siquiera cuando estaba consciente hice el esfuerzo de recordarlos. Pero sí recuerdo decirles a las enfermeras que, bajo ninguna circunstancia, se debía permitir al Dr. Nassif que entrase en mi habitación ni tampoco se le diera ninguna información sobre mi estado o mi tratamiento.

Debería ser obvio por qué di esa orden. ¡Ese hombre me había abandonado para que muriera! Y, aunque nunca entró en mi habitación para hablar conmigo durante mi recuperación, sin embargo, le fue facilitada información sobre mi tratamiento y mi pronóstico. Un día, lo vi en el pasillo hablando con el Dr. Methani, mi médico de atención primaria. Methani estaba hablando de mí con Nassif, rompiendo durante la conversación las reglas de confidencialidad de la Ley de Responsabilidad y Transferibilidad de Seguros Médicos (HIPAA). Oí por encima a Nassif preguntando: «Así que, ¿crees de verdad que va a superar el proceso sin secuelas?» Creo que a Nassif le aterrorizaba que yo sobreviviera Y adivinen, ¡lo conseguí! Todavía no he olvidado tu comportamiento criminal, que equivalía a intento de asesinato.

Para un médico es ilegal romper el derecho a la confidencialidad del paciente con cualquier otro médico que no lo esté tratando, pero Methani y Nassif eran buenos amigos. Así que Methani compartió mi información con Nassif sin mostrar ninguna consideración por mi seguridad o su propia responsabilidad legal. En esa fase de mi recuperación, no quería sacar el tema con mi médico, por miedo a que eligiera permitir que la situación tuviera repercusiones negativas en mis cuidados y mi tratamiento.

Aquello no fue el final de la traición del Dr. Methani. Cuando estaba saliendo del coma, pero todavía estaba muy desorientado, le pedí que escribiera una carta a mi abogado para informarle de que estaba hospitalizado en estado crítico. Sin dar ninguna explicación, Methani se negó. Mi abogado de Indiana, donde todavía seguía la batalla legal por mi divorcio, me había dicho que necesitaba esa carta para acallar la falsa demanda de Veronica Fischer, en la que afirmaba que no había pagado la manutención de los hijos. Era como si Methani estuviera conspirando con Fischer.

Afortunadamente, no había pruebas que corroborasen la reclamación de Fischer, y sí muchas que confirmaban que, de hecho, yo había cumplido con mis obligaciones financieras para con mi exmujer y mis hijos. Pero Veronica Fischer había manipulado fraudulentamente esas pruebas en un juicio que no se me había notificado y al que no asistí.

En mayo de 2015, mientras todavía estaba en cuidados intensivos, recibí una llamada telefónica de mi hijo mayor, el único chico, Vincenzo. Vincenzo es un hombre atractivo en la treintena, que comparte mis características físicas: un rostro hermoso y ojos castaños, una buena complexión física, cabello castaño, un metro ochenta de estatura y una barba como la mía. Vivía en Miami y en ese momento estaba viajando a Nueva York, pero su viaje apenas acababa de empezar. Ni siquiera había llegado a Jacksonville cuando recibí su llamada.

«¡Hola, papá! ¿Cómo estás? —preguntó.

Yo dije: «Vincenzo, he estado en coma. Todavía estoy gravemente enfermo y no sé si voy a sobrevivir a esta hospitalización. ¿Vas a venir a verme?»

«Llevamos todo el día conduciendo, papá, y nos dirigimos a Nueva York. Voy en el auto con unos amigos y de verdad que tenemos que llegar a Nueva York en un día».

«Qué decepción, Vincenzo», respondí. «Te das cuenta de que es posible que no vuelvas a ver a tu padre con vida, ¿verdad?»

Vincenzo ni siquiera tuvo la decencia de viajar tres horas y desviarse para visitar a su padre, que se encontraba en un estado cercano a la muerte. Hasta el día de hoy, todavía no lo he perdonado. A pesar de los sacrificios que haces por tus hijos, a la hora de la verdad anteponen a sus amigos por delante de sus propios padres.

Mientras tanto, mi hija, que vive en Nebraska, se había emancipado en junio de 2015 a los diecinueve años y estaba diciéndole falsedades a mi propia madre, asegurando que yo estaba de alguna forma implicado en el arresto de Sofia en Indiana. Ella tampoco sabía que me encontraba en mi lecho de muerte en la UCI. Yo no sabía nada de todo lo que estaba diciendo mi hija. ¿Cómo iba a saberlo, si estuve atrapado en mi propia casa primero y más tarde en el hospital?

Yo nunca había tratado a mi padre con esa falta de respeto. Como mencioné anteriormente, habíamos estado distanciados durante muchos años, hasta que Sofia intercedió y nos ayudó a hacer las paces. Incluso mientras estuvimos separados tenía respeto por mi padre. Cuando estuvo en estado crítico en 2005, volé desde el Medio Oeste para estar al lado de su cama. Le ayudé a tomar decisiones importantes para su vida, las cuales a la larga le proporcionaron trece años más de vida. ¡Siempre tuve respeto por mi padre!

Diré esto: hace año y medio aproximadamente, en junio de 2016, mi hija me llamó después de no hablarme durante más de una década. Quería disculparse por todas las mentiras que se había inventado con mi exmujer en su declaración durante el divorcio. Se había convertido en cristiana renacida y estaba a punto de ser bautizada en su nueva fe, y para ello necesitaba obtener el perdón de las personas contra las que había pecado.

Cuando me llamó, dije: «Natasha, puedo perdonarte y te perdonaré, porque eres mi hija. Pero debes examinar este asunto con Dios y preguntarte por qué hiciste una cosa tan horrible». Desde entonces seguimos en contacto, y hemos reconstruido nuestra relación.

Como si el intento de asesinarme de Nassif en junio de 2015 no hubiera sido suficiente, volvió a traicionarme de nuevo después de hablar con Methani sobre mi estado. Debió preocuparle que me recuperara, aunque no porque presentara cargos de intento de asesinato contra él, ya que las autoridades estaban de su parte, como descubrí más adelante. Su problema era que, si yo vivía, tendría que cumplir nuestro contrato de empleo. Con su negocio en la ruina debido a su incompetencia y su incapacidad para comprender el mercado, aquello era algo que no podía aceptar. Nada más decirle al personal de enfermería y de seguridad que el Dr. Nassif no tenía permiso para ponerse en contacto conmigo, ocurrió lo siguiente:

Me envió una carta certificada a mi casa, sabiendo perfectamente que yo seguía en cuidados intensivos. En la carta declaraba que me despedía con efecto inmediato, dado que no tenía los permisos para ejercer en el hospital. ¡Tenía cuarenta y ocho horas para sacar todo mi equipo médico de su consultorio, o me cobraría una tarifa diaria de quinientos dólares en concepto de alquiler de espacio de oficina! ¿Puede creer la audacia de ese hombre? Naturalmente, no obtuvo respuesta, ya que mi amiga Helen no había llegado todavía, y la carta finalmente le fue devuelta. No teníamos forma de saber lo que estaba sucediendo.

Helen era una mujer de setenta y tantos años, bastante delgada, con ojos y cabello castaños. Tenía una deficiencia visual debido a una cirugía ocular con láser que había salido mal y le había dañado la retina del ojo izquierdo, pero era lista como una ardilla, y también cariñosa y afectuosa.

Helen llegó un martes. Maria, la gerente de mi consultorio, le había contado que esa tarde iba a someterme a una operación a corazón abierto, pero no sabía la hora exacta. Helen vino en auto directamente desde su casa en Arizona, sin ni siquiera descansar o detenerse a pasar la noche. Sabía que, si no conseguía verme antes de la cirugía, tal vez nunca más tendría la oportunidad de hablar conmigo. Las probabilidades de superar la operación en mi estado eran descorazonadoras.

Nada más llegar, se apresuró a mi habitación. Poco tiempo después, cuando uno de mis médicos entró en mi habitación, Helen preguntó por la operación.

«Hoy no lo someteremos a ninguna cirugía», dijo el médico.

Al día siguiente, cuando literalmente me estaban llevando al quirófano para la operación de sustitución de válvula a corazón abierto, el especialista en medicina interna/cardiólogo/especialista en enfermedades infecciosas decidió hacerme una prueba más. Era algo que había comprobado justo una semana antes, pero quiso que me lo repitieran solo para estar seguro. La prueba reveló que la lesión en mi válvula cardiaca se había reparado por sí misma, así que la cirugía era innecesaria. ¡Era un milagro!

Helen no solo me cuidó en el hospital, sino que también recogió mi correo y pagó mis facturas que, de no hacerlo ella, habrían vencido. Se quedó en mi casa y podía contar con su visita todos los días. Me leía el correo al pie de mi cama y tomábamos las decisiones necesarias en los asuntos que requerían mi atención.

Cuando la carta certificada no tuvo el efecto deseado, Nassif hizo que su abogado me enviara un correo electrónico. ¿Qué clase de maniaco espera que un hombre ingresado en la UCI lea los correos electrónicos? Afortunadamente, Helen me leía los correos, aunque yo todavía estaba sumido en un estado de confusión en la unidad de cuidados intensivos. Recuerdo cómo se iba poniendo cada vez más lívida con cada palabra que leía. Llamó a Nassif hijo de perra y Dios sabe cuántas cosas más.

> Le ruego que acepte esta carta como aviso formal de la rescisión del contrato, efectiva a tal efecto con fecha de 9 de junio de 2015.
>
> En virtud de la sección 10.8 del contrato, dicho contrato podrá rescindirse sin previo aviso por numerosos motivos, entre los que se incluyen la pérdida involuntaria o la aparición de restricciones para el ejercicio de servicios médicos en cualquier hospital... Debido a su incapacidad para obtener permiso para operar en el hospital damos por rescindido el contrato, según lo dispuesto en la sección 10.8 del contrato, etc.

Resumiendo, no solo me habían rescindido el contrato de trabajo, sino que debía recoger inmediatamente todas mis pertenencias —equipo de urología, libros médicos y todo lo demás— de mi consultorio, o empezaría a cobrarme quinientos dólares al día en concepto de almacenamiento. Además, me cobraría la factura de mover todas mis cosas al lugar de almacenamiento. ¡Era de locos! Él sabía que yo estaba incapacitado en el hospital, pero me despidió y después exigió que le pagara quinientos dólares al día por almacenar los instrumentos médicos que yo había traído de Italia para usarlos en sus instalaciones. Era una de las cosas más patéticas y deshonestas que nunca había visto.

Obviamente era imposible que nadie pudiera organizarlo todo para que se llevaran todo ese equipo en el plazo estipulado por Nassif y su retorcido abogado. Desde mi cama del hospital, dicté un correo electrónico que Helen escribió para mí, declarando que, si no se me otorgaba un periodo de tiempo razonable para hacer que trasladaran mis pertenencias, denunciaría a Nassif y a su abogado ante la Junta Médica, con una denuncia sobre la base del «Estándar de atención».

CAPÍTULO OCHO

El criminal

Helen llevaba aproximadamente una semana en Florida. Vivía en mi casa y usaba mi auto.

Después de que Helen y yo respondiéramos al correo electrónico del Dr. Nassif, este le dijo que podía ir a la oficina el lunes siguiente a las diez en punto para recoger mi papeleo personal, mis libros de medicina, los títulos educativos enmarcados y demás objetos. Llegó a la hora acordada, solo para que le dijeran que no había nadie para abrir la puerta. Así que Helen regresó a casa, pero entonces un empleado de Nassif llamó y le pidió que regresara a la una en punto. Les daba igual que fuera un trayecto de quince millas de ida y vuelta a la oficina; de hecho, estaba claro que querían hacérselo todo tan molesto e irritante como fuera posible.

Helen volvió a la una en punto y, de nuevo, la hicieron esperar. Finalmente la acompañaron a mi despacho privado, donde alguien había arrojado a contenedores de basura mis diplomas enmarcados, los papeles y otros objetos. Habían amenazado a Maria, mi gerente, y a Courtney, mi enfermera, con despedirlas si volvían a poner un pie en mi despacho.

Helen acababa de conseguir cargarlo todo en el auto cuando uno de los empleados del Dr. Nassif, que estaba vigilándola sin ayudarla en nada, le dijo que todos los libros de medicina que había en el armario tras el escritorio también me pertenecían. Así que transportó todos los libros al auto, llenándolo hasta el último centímetro.

Entonces Helen preguntó si sería posible regresar y empezar a meter en cajas los objetos más pequeños para la empresa de mudanzas. Le dijeron que regresara a la una en punto del día siguiente, y que de nuevo habría alguien con ella en todo momento mientras empaquetaba las cosas.

Esta noche, Helen vació el auto y transportó al interior de mi casa los libros de medicina, los diplomas y certificados enmarcados y varias carpetas de mi escritorio. En una carpeta rotulada como «Contratos», que yo había guardado en mi escritorio antes de ir a Nueva Orleans, debería haber habido tres contratos independientes: uno relativo al establecimiento de la corporación, uno en el que se especificaba el salario que debía pagarme Nassif y el último y más reciente referente al contrato de arrendamiento del equipo médico. Faltaba ese tercer contrato, aunque el gerente del despacho de Nassif le había dicho a Helen que había estado allí tan solo uno o dos días antes de que ella lo recogiera todo.

Cuando Helen regresó al día siguiente, no había nadie para franquearle la entrada. La recepcionista le dijo que el Dr.

Nassif llegaría en breve y que examinaría con ella las salas de exploración para hablar de lo que debía llevarse y lo que le pertenecía a él.

Cuando llegó, el Dr. Nassif saludó cordialmente a Helen. Sin embargo, antes de que empezara a guiarla por el consultorio, Helen sacó el tema del contrato desaparecido. Él estaba de pie junto a una de sus técnicos, Erica, y Helen se dirigió a ambos.

—He ordenado todo lo que recogí ayer —dijo—, y descubrí que falta uno de los contratos. Es el que se refiere al alquiler del equipo médico y los suministros desechables, y debería haber estado en la misma carpeta que las otras dos partes del contrato. Me dijeron que Erica había preparado las cosas, así que supongo que lo tomó ella.

Nassif se quedó mirando a Helen. ¡Cómo se atrevía esa mujer a ir a su consulta y acusar a uno de sus empelados de robar! Se giró hacia Erica y preguntó: «¿Tomaste el contrato del que habla Helen?»

«No, no lo vi», respondió Erica. «Tal vez lo tomara Maria o Courtney, ya que ellas se encargaron de empacar la mayoría de las cosas».

Eso era mentira, por supuesto, ya que habían ordenado a Maria y a Courtney que no pusieran un pie en mi oficina. Era obvio que el Dr. Nassif había robado mi copia del contrato para encubrir sus actividades.

«Esa es una acusación bastante seria», le dijo Nassif a Helen. «¿Por qué dices algo así?»

«Una de las mujeres de aquí me dijo que le había tomado Erica», replico Helen con calma.

«¿Quién fue?» exigió saber Nassif.

«Ah, lo siento, no tengo ni idea. Ya sabes que acabo de llegar de Arizona y todavía estoy bastante aturdida en lo que se refiere a nombres e incluso a dónde está todo», pero respondió inocentemente Helen. «Bueno, ¿podemos acabar con esta visita para que pueda continuar con mi trabajo?»

Nassif podría haberse ofrecido fácilmente a hacer una copia del contrato a partir de la suya, pero no lo hizo. Estaba claro que pretendía evitar pagar la tarifa mensual de 6.000 dólares por el alquiler del equipo. Se había retrasado cinco meses en el pago de ese alquiler. Era un comportamiento delictivo descarado.

Cuando entraron en la siguiente habitación, Nassif acordó que el contenido de los armarios me pertenecía. Helen dijo que yo le había indicado que los suministros desechables, los cuales en su gran mayoría estaban almacenados en armarios fuera del laboratorio, habían sido traídos desde Italia. Pero Nassif discrepó diciendo: «No, todos los suministros del área de almacenamiento que está fuera del laboratorio son míos». Eso era mentira.

Helen decidió dejarlo correr, ya que no había forma de probar nada, y no había nadie que la fuera a respaldar. Tendría que dirimirse en el juzgado después de que yo me recuperase.

Para entonces ya eran casi las tres de la tarde y a Helen solo le quedaban dos horas para guardarlo todo en las cajas. Empleó ese tiempo en marcar, contar y clasificar por categorías los catéteres. Había cientos, literalmente, suficientes para llenar una caja enorme de mudanzas, y Nassif había ordenado a su empleada que marcase y fotografiase cada objeto, haciendo que se empleara mucho tiempo en el proceso.

Le dijeron a Helen que podía volver la mañana siguiente a las ocho y quedarse hasta el mediodía. Ya era martes y había contratado a unos profesionales de las mudanzas para trasladar el equipo entre la una y las cinco de la tarde del viernes.

El miércoles por la mañana, Helen se presentó a las ocho y, de nuevo, Nassif le había asignado dos empleadas para que se quedaran con ella todo el tiempo. Parecía un nivel de seguridad ridículo para un equipo que, de todos modos, me pertenecía. ¿Qué creían que iba a robar? Las mesas de exploración eran mías, pero, ¿Cómo iba a levantarlas, sacarlas el edificio e introducirlas en el auto? Era un intento absurdo de intimidación por parte de Nassif, pero no funcionó.

Nassif continuó complicándole las cosas a Helen de otras formas. Todos los días, aunque le decían a Helen que estuviera allí a las ocho, al llegar le decían que lo habían cambiado a la una, pero ni una vez se molestaron en llamarla y avisarla.

Pero el jueves era el último día y quedaban pocas cosas para recoger, incluso aunque habían cambiado de opinión una y otra vez sobre lo que era mío y lo que era suyo.

Helen terminó de preparar las últimas cajas y les dijo a las dos empleadas que la supervisaban que las vería por la tarde, tal y como habían acordado. El viernes era el día de la mudanza, y los trabajadores de la empresa de mudanzas llegarían sobre la una y media.

Una de las chicas dijo: «Vaya, lo lamento, pero hemos cambiado la hora a las ocho en punto, hasta el mediodía. Tenemos pacientes que van a venir por la tarde».

«Bueno, avisando con tan poco tiempo, no sé si la empresa de mudanzas podrá adaptarse al cambio de hora», respondió Helen. «Pero las veré mañana por la mañana a las ocho en punto, y ya veremos lo que se puede hacer».

Helen llamó a la empresa de mudanzas inmediatamente. Dijeron que harían lo que pudieran, pero los horarios ya estaban fijados y no podían prometer que tuvieran los empleados suficientes para cambiar de repente la mudanza de la tarde a la mañana.

Helen venía todos los días al hospital después de finalizar el trabajo de preparar la mudanza, y era desalentador oír lo difícil que se lo estaban poniendo. Por desgracia, no había nada que pudiera hacer. Cada día era una batalla simplemente para mantenerme con vida, y necesitaba toda mi energía para concentrarme en mantener una actitud positiva e intentar superar el día. Me estaban sometiendo a diálisis y la neuropatía me estaba causando un dolor muy severo en las piernas. Hubo ocasiones en las que deseé que acabara todo, y todavía me pregunto por qué Dios no me llevó con Él el día que morí. Obviamente, tiene otros planes para mí.

Helen me dijo: «Dr. Panvini, no entiendo cómo habría podido sobrevivir a este calvario tan horrendo si yo no hubiera viajado a Florida desde Arizona para estar con usted. Ese hombre, el Dr. Nassif, es un ser humano terrible y espero que no le permita librarse del intento de asesinato».

«Si no hubiera sido por usted, Helen, no sé lo que habría hecho», le dije. «Ya ve cómo estoy aquí, en esta cama de la unidad de cuidados intensivos, incapaz de hablar o concentrarme en ninguna tarea debido a mi reciente coma. Deseo darle las gracias desde lo más profundo de mi corazón por todo lo que está haciendo por mí. Dios la bendiga».

Finalmente, gracias a Helen, logré sacar mi equipo del consultorio del Dr. Nassif y lavarme las manos en lo referente a ese terrible criminal, de una vez por todas.

CAPÍTULO NUEVE

La mudanza desde Italia

Se estarán preguntando por qué no presenté una demanda legal contra el Dr. Nassif. Después de todo, me había despedido sin causa justificada, había roto mi contrato de empleo, había actuado con una absoluta falta de profesionalidad, ¡e incluso había intentado asesinarme! Y créanme, si me sobrara el dinero, lo habría denunciado sin dudarlo. El problema era que estaba arruinado. Después de firmar un buen contrato con Nassif, había empezado a ganar dinero de verdad a medida que crecía mi reputación local, pero también tenía muchas facturas de abogados. El dinero salía tan rápido como entraba.

Mis problemas también se extendían más allá del ámbito profesional. Estaba emocionalmente destrozado, en el punto más bajo de mi vida. Pensé que nunca más volvería a caminar, que mi carrera estaba en ruinas y, cuando empecé a mirar en Internet y vi toda la basura que había allí, me hundí todavía más en la desesperación.

Con Helen al lado de mi cama, ayudándome a buscar mi nombre en Internet, nuestra conversación fue más o menos así: «Helen, no puedo creer toda la basura que hay en Internet sobre mí. ¿Cómo pueden hacer esta clase de declaraciones cuando yo estaba en coma en el hospital?» Me acusaban de haber conspirado para matar a mi exmujer, a su abogada y a mi hija. ¿Cómo se me podía pasar alguna vez por la cabeza matar a mi hija, a mi exmujer o a *cualquiera*?

Helen respondió: «No estás tratando con personas normales. Se trata de gente despiadada que no tiene conciencia ni moral. Harán cualquier cosa para destruirte a ti y a tu carrera profesional, y parece que lo están consiguiendo. Te están marginando de todos tus amigos y familia deliberadamente. Es una pena verte así de angustiado por este trauma y por las cosas que aparecen en Internet mientras todavía está recuperándose.

«Helen», dije. «Ya sabes que soy un luchador. ¡Nunca me rindo!»

Buscando mi nombre en Google encontré una página tras otra de una basura increíble, y tuve que dirigirme a cada una de las personas que estaban lanzando esas acusaciones falsas y amenazarlas con una demanda judicial. Lo hice para eliminar todas las estupideces de las que me estaba acusando falsamente en Internet, como esta:

> Según las autoridades suburbanas de Indianápolis se cree que una mujer de Florida y su hijo se dieron a la fuga después de no presentarse en

el juzgado para enfrentarse a los cargos de conspiración para asesinar a una abogada de divorcio, con el fin de obtener dinero del novio de la mujer.

El viernes, la Corte Suprema de Hamilton emitió órdenes de arresto acusando a Sofia Lombardi, de 51 años y residente en Florida, y Dick Lombardi, de 21 años y residente en Nevada de conspiración para cometer asesinato y otros cargos.

El periódico *Indianapolis Star* informa que fueron puestos en libertad bajo fianza de 20.000 dólares pagados por el Dr. Panvini el 23 de mayo, después de haber sido arrestados por cargos menores en el exterior de la casa de Noblesville de la abogada Veronica Fischer. Fischer reclamaba al Dr. Dino Panvini de Arizona un impago de dinero acordado en nombre de su exesposa.

Es muy interesante saber que todas estas publicaciones se originaron en Indianápolis, donde ejercía Veronica Fischer. Afortunadamente, las personas que publicaron esta basura no sabían que yo tenía pocos recursos que dedicar a la batalla para salvar mi reputación. Tuve suerte y casi todos eliminaron sus publicaciones falsas sobre mí, al comprender que se habían puesto en una situación legalmente vulnerable.

Escribí numerosos correos electrónicos a estas agencias de noticias:

> Su artículo en Internet describe hechos incorrectos y es difamatorio, al igual que lo es interferir en mi capacidad de practicar la medicina y obstruir mi profesión. Yo no tuve nada que ver con esos actos. Su artículo es una noticia falsa que se ha propagado mediante un acto conspiratorio y es el responsable de la propagación de la fuente inicial de la noticia a otros sitios web.
>
> Le insto a que elimine mi nombre de su publicación en Internet tan pronto como sea posible, ya que ha interferido con mi capacidad para practicar la medicina y ha dañado mi reputación por medios fraudulentos. Le ruego que elimine mi nombre del artículo mencionado anteriormente tan pronto como sea posible, antes de que me vea legado a emprender acciones legales. Si desea que le explique con detalle todo el caso, estaría encantado de hacerlo. Asimismo, le ruego que me envíe un correo electrónico si está interesado en una entrevista.

El artículo al que me estoy refiriendo dice lo siguiente: «Presunta implicación del Dr. Panvini en un complot de intento de asesinato de la abogada de su exmujer con la Srta. Lombardi y su hijo».

Incluso contraté a una compañía de Internet para que intentara que desaparecieran algunos de las publicaciones falsas contra mí arrastrándolas hacia las últimas páginas de los resultados de búsqueda. De cualquier forma, tuve que consultar a un abogado en Indiana y contratarlo por sus servicios, aunque se le pagó muy bien por no hacer nada. ¡Qué forma de malgastar el dinero!

Solo quedan unas pocas de esas falsas historias en la red, la mayoría en pequeños periódicos locales de Indiana que obviamente se han aliado con Veronica Fischer para propagar el fraude. Sin embargo, parte de esa información incluso circuló internacionalmente. Por ejemplo, apareció una historia en una web con sede en el Reino Unido, porque la gente sabía que había vivido varios años en Europa. Estaban intentando envenenar mi reputación a nivel internacional para impedirme regresar. Creo que esas historias tuvieron su origen en Veronica Fischer, quien las suministró a los periódicos locales de Indiana y después a otras personas y agencias de noticias con un método parecido al utilizado con la agencia de noticias AP, un servicio por el que ella pagaba. Fischer, la abogada de mi exmujer, estaba haciendo que se cumpliera la profecía de mi exmujer dañando mi reputación de todas las formas posibles. Afortunadamente, he sido capaz de salvar mi reputación y reconstruirla del mismo modo que estoy reconstruyendo mi vida.

Llegado a este punto, voy a explicar la historia completa de mi época en Italia y cómo acabé implicado con Nassif y sus secuaces. Me había mudado a Italia desde Fort Mohave, Arizona, donde me habían amenazado con impedirme practicar la medicina, como describí anteriormente. Me puse en contacto con mi padre y otros familiares para que me ayudaran a decidir qué hacer.

Antes de hablar con ellos, había expuesto mis quejas ante las autoridades del hospital de Arizona en febrero de 2013, esperando que intervinieran, ya que en aquella época yo era el jefe de Cirugía. El Dr. Morelli había sido expulsado del hospital en 2012, literalmente escoltado fuera de las instalaciones por la policía porque era un hijo de perra demente y todo el mundo en la ciudad lo sabía. Se le prohibió volver a poner un pie en cualquier propiedad de la empresa matriz, Careline Health. Yo le había propinado un gran golpe a Morelli y su operación de corrupción al denunciarle ante el gobierno federal mediante una acción «qui tam», y por eso temía por mi vida.

Pedí ayuda a la administración del hospital, porque ellos sabían exactamente lo que estaba sucediendo con Morelli y su conspiración contra mi carrera profesional y contra el personal de mi consultorio. Decir que no fueron de ninguna ayuda sería un eufemismo. Después de lo que consideré una discusión injustificadamente prolongada, finalmente me hicieron una oferta para comprarme todos mis instrumentos, así como aquellos que me había alquilado Sofia. Se trataba de un intento de que Sofia recuperase sus pérdidas. Como recordarán, se había convertido en inversora silenciosa en mi consultorio para ayudarme a mantenerme a flote cuando Dr. Morelli y sus cómplices empezaron a intentar hundirme.

La oferta del hospital era un insulto; querían pagarme unos centavos por cada dólar en instrumentos. Pero tenía problemas más graves. Les pregunté de nuevo: «¿Cómo van a protegerme?» Cuando no recibí una respuesta satisfactoria, les dije: «Tienen un mes para pensárselo y darme una respuesta».

Durante ese mes estuve paranoico y aterrorizado, viviendo como un hombre al que estuvieran dando caza. Vivía en una casa en Laughlin, cuyo dueño aceptó poner todas las facturas de agua, luz, cable, etc., a su nombre para que mi enemigo no pudiera seguirme la pista. Contraté un guardaespaldas (ex Navy Seal) para que me siguiera al trabajo y de vuelta a casa y un ex agente de policía armado para hacer todo el papeleo en mi consultorio.

Un mes más tarde regresé a la administración del hospital y les dije: «Soy un médico con una consulta privada. Puedo irme cuando quiera, y no tengo intención de soportar situaciones que suponen un riesgo para mi vida si ustedes no van a protegerme. Vayan buscando otro urólogo y jefe de Cirugía. Adiós». Entonces dimití y me fui. Me llevó un tiempo meter toda mi vida en cajas y mudarme a Italia, pero en septiembre de 2013 ya estaba listo para mudarme al país de mis antepasados, en el que tenía multitud de familiares y amigos.

Mientras esperaba a que me respondiera la administración, le pregunté a mi padre qué haría él si estuviera en mi lugar. Me respondió: «Has agitado un avispero y has enfadado a mucha gente muy peligrosa, así que necesitas irte a un lugar seguro. Conozco mucha gente en Italia, donde tienes muchos familiares. Puedes confiar en esas personas con todo tu corazón, y algunos ostentan cargos de responsabilidad en el gobierno italiano. Me propuso la idea de mudarme a Italia, donde yo había estudiado medicina durante muchos años. Además, tenía muchos amigos a los cuales me podía recomendar, así que en el fondo fue una decisión sencilla.

Cuando llegué a Italia, de nuevo desaparecí del mapa, como se suele decir, alquilando un apartamento a uno de mis familiares italianos, y todo se pagaba con su nombre y luego yo se lo reembolsaba. Estaba en Turín, la cuarta ciudad más grande de Italia, una antigua metrópolis a orillas del río Po, que está flanqueado por los Alpes. En esa región la civilización se remonta al año 200 a. C., y Turín (también conocida como Torino), fue la primera capital del Reino de Italia unificado en 1861.

Mi tío era un funcionario de alto rango del departamento de policía italiano y se aseguró de que estuviera a salvo. En febrero de 2014 comencé a poner los cimientos de lo que podría haber sido una buena vida allí. Todavía tenía licencia para practicar la medicina en Italia de cuando había estudiado allí unos años antes, aunque hacia el final de mis estudios cambiaron la ley y tuve que empezar desde cero el proceso de solicitud. De todos modos, me estaba preparando para practicar la medicina bajo los auspicios de la Universidad de Roma, dando clases allí y empezando un consultorio privado donde, una vez más, parecía que el destino estaba decidido a derribarme.

Un día en mayo, me resbalé sobre una calle empedrada mojada y me caí. En el hospital local me comunicaron que tenía una hernia de disco cervical en el cuello. Tenía un dolor insoportable y mi brazo derecho estaba básicamente inutilizado. No tuve más remedio que llevar un collarín y mantener el brazo elevado.

Las pruebas de diagnóstico consistieron en resonancias magnéticas y otras pruebas, además de un régimen de fisioterapia antes de poder someterme a la operación que necesitaba. La fisioterapia era una estupidez y no hizo nada por aliviar el dolor crónico que sufría ni por restaurar la movilidad o utilidad de mi cuello y mi brazo. El dolor en mi brazo derecho era implacable a pesar de los medicamentos que me recetaron, los cuales además no toleraba bien, especialmente los narcóticos.

Mientras el verano se prolongaba, yo estaba en lista de espera para la cirugía, y entonces llegó agosto y todo el mundo desapareció. La gente hace chistes sobre cómo en agosto Europa se vacía, y es verdad. Pero cuando estás a la espera de una operación quirúrgica que te permitirá reanudar tu vida profesional, después de haber sido expulsado literalmente de tu país, celebrar Ferragosto no es divertido.

Hasta octubre no conseguí que me operasen por fin. Después de recuperarme, decidí mudarme de Turín a Roma, donde abrí una clínica y di clases en la Universidad de Roma. Empecé a trabajar en un nuevo departamento que se centraría en uroginecología femenina, cirugía láser y medicina integrativa, materia sobre la cual yo había realizado mi especialización de posdoctorado.

La medicina integrativa tiene en cuenta la gama completa de factores que influyen en la salud de una persona. Se consideran todos los factores físicos, emocionales, mentales, sociales, espirituales y medioambientales. El médico y su paciente desarrollan una estrategia personal que tiene en cuenta las necesidades únicas de dicho paciente, así como las circunstancias que rodean su enfermedad y, lo que es igual de importante, el resto de su vida. Se usan tanto la medicina convencional como los métodos alternativos no solo para curar la enfermedad inmediata, sino también para ayudar a las personas a recobrar y mantener el mejor estado de salud posible. La salud es mucho más que simplemente no enfermar, implica todos los aspectos de la vida de una persona. La medicina integrativa tiene en cuenta tantos factores como sea posible para lograr que los pacientes estén verdaderamente saludables, en lugar de limitarse a decirles: «Usted ya no está enfermo, aquí tiene mi factura».

También era pionero en técnicas quirúrgicas urológicas, y mostraba a mis compañeros médicos procedimientos que se habían hecho en Estados Unidos, pero que aún no eran habituales en Italia. Sofia vino a verme para que le realizara un procedimiento quirúrgico ambulatorio que aún era desconocido allí. Tuve público en el quirófano que había ido solo para ver cómo hacía yo las cosas.

Si me hubiera quedado en Roma, habría ayudado a desarrollar una nueva división de Urología en la Universidad de Roma que habría incluido uroginecología, así como procedimientos quirúrgicos que ayudan a sanar a la gente. En Italia, los urólogos no hacían las cosas como se hacían en Estados Unidos, y algunos ginecólogos italianos estaban haciendo verdadero daño a sus pacientes. Todo me sonreía. También tenía formación en uroginecología, a diferencia de los urólogos italianos. El trabajo reconstructivo femenino únicamente era realizado por ginecólogos que no ayudaban a sus pacientes de la forma adecuada, y aquello daba como resultado numerosas recaídas. Así que estaba realizando cirugía de prolapso de órganos pélvicos en mujeres que ya habían sido operadas previamente, con resultados fabulosos y pacientes satisfechos.

En noviembre de 2014, cuando estaba a punto de firmar un contrato con la Universidad de Roma, recibí una invitación de Nassif, desde Florida. Necesitaba un urólogo competente para aumentar su consultorio médico, había examinado mi currículo y pensaba que yo sería la persona adecuada para el trabajo. Volé hasta Resort City Beach, me gustó la zona y, en lugar de aceptar un puesto de profesor en la Facultad de Medicina y Cirugía de la Universidad de Roma y empezar un nuevo programa allí, acepté la oferta de Nassif.

Mi decisión de regresar a los Estados Unidos puede parecer un error descomunal, e incluso algo descabellado. Echando la vista atrás ahora, creo que Nassif podría estar colaborando con Connor Truman y Veronica Fischer para conseguir traerme de vuelta a los Estados Unidos.

Al final fueron los incentivos económicos los que me decidieron a volver. En Italia la medicina está dividida entre el sector privado y el sector socializado. Las universidades forman parte del programa de medicina socializada, la cual está ampliamente extendida. Tuve que experimentarla personalmente cuando esperé durante meses para mi operación de cuello. Y si hubiera trabajado para la Universidad de Roma, no me habrían pagado por las operaciones de la forma que me pagarían en Estados Unidos. Únicamente practicando la medicina de forma privada habría podido hacer dinero de verdad, pero nunca tuve oportunidad de lograr que mi consultorio privado arrancara, así que seguía teniendo dificultades financieras debido al peso de las facturas de abogados y otros gastos. Tenía gastos legales provocados por las falsas acusaciones de mala práctica de Connor Truman, abogados a los cuales debía pagar por temas de bancarrota, abogados a los que debía pagar para defenderme de las declaraciones falsas ante el consejo de acreditaciones médicas y el Departamento de Saludo y Recursos Humanos, abogados especializados en divorcios, etc.

La oferta de Nassif era generosa: un salario base anual de 600.000 dólares, además de un programa de incentivos a través del cual recibiría el 60 por ciento de cualquier caso que yo trajera. También estarían los ingresos por los suministros médicos que yo aportaría al consultorio. Era mucho dinero y me habría permitido vivir una vida más confortable.

Si Nassif no hubiera sido un criminal.

CAPÍTULO DIEZ

Mycell

En junio de 1973, yo era un estudiante estadounidense de veintitrés años en Italia. Era un verano cálido y acababa de llegar a Nápoles para asistir a la Facultad de Medicina. En nuestra familia hemos sido médicos desde el siglo XVI, y todos ellos graduados en facultades de medicina italianas. Mi padre se graduó en la Universidad de Nápoles y yo quise seguir con la tradición familiar asistiendo a la Facultad de Medicina. Sin embargo, estaba muy desorientado y el primer día de clase fue un completo caos. No sabía nada de italiano, y me sentía perdido al pensar en cómo podría aprender algo. No solo porque los exámenes eran en italiano, sino que además tendría que comparecer ante un panel de profesores y examinarme oralmente en italiano. ¡Tenía mucho trabajo por delante!

Pensé que la mejor estrategia sería vivir con alguien de la ciudad, y tuve la suerte de encontrar a una familia que alquilaba una habitación justo bajando la calle donde estaba la Facultad de Medicina. ¡Tenían una hija muy guapa, que hizo que mi elección fuera mucho más fácil! Ella tenía que aprender inglés, y yo italiano. La joven no sabía nada de medicina, pero decidí comprar una grabadora y aprender por medio de la conversación.

Tenía un presupuesto muy ajustado; con un préstamo de estudiante de cinco mil dólares anuales debía pagar los libros de medicina, el alquiler y la comida. Los quipos electrónicos eran caros y las grabadoras costaban más de doscientos dólares. Pero por fin encontré una en un puesto callejero en un barrio llamado Morcella, que, aunque yo no lo sabía, era en gran medida como el Harlem de Nueva York. Regateé con el caballero y finalmente cerramos el trato en cincuenta dólares. Metió la grabadora en una caja, la envolvió con papel e hicimos el intercambio. Tomé varios autobuses para volver a mi apartamento, pensando que acababa de ahorrarme ciento cincuenta dólares.

La señora de la casa y su hija me siguieron a mi habitación, coloqué la caja sobre mi escritorio y la abrí. Para mi asombro, ¡estaba llena de papel y piedras! ¿Qué había ocurrido? La madre y la hija se reían como histéricas, y yo también empecé a reír. ¡Me habían estafado! El tipo era un profesional y había hecho el truco delante de mis narices, ¡pero se había metido en un problema!

No logré persuadir a nadie para que regresara conmigo a ese barrio hasta que telefoneé a mi amigo Scott. Ambos éramos de Nueva York y estudiantes de posgrado de medicina de primer año. Tomamos el autobús al centro de Nápoles y nos dispusimos a caminar kilómetros sin fin, buscando en cada piazza, incluyendo el lugar donde había conocido al ladrón, pero no lo encontramos por ninguna parte. Hacia las cinco de la tarde estábamos totalmente exhaustos y nos habían salido ampollas en los pies de caminar Dios sabe cuántos kilómetros. Estábamos a punto de rendirnos e intentar encontrar un autobús. Entonces alcé la vista al lado opuesto de la piazza y ahí estaba: el hombre que me había estafado, hablando con varios amigos suyos, probablemente contándoles cómo me había robado.

Lleno de furia y adrenalina, me acerqué corriendo hacia él con nada más que un pequeño paraguas negro en la mano derecha, pero él supo que yo iba en serio. Antes de ponerle las manos encima, el hombre rápidamente dijo en italiano: «No tengo tu dinero», y se dio la vuelta a los bolsillos del pantalón.

Lo agarré por la camisa y lo sujeté contra el muro, agitando el paraguas por delante de sus narices como si fuera una porra. Vi el miedo en sus ojos cuando comencé a gritar: «¡Devuélveme el dinero ahora!».

Entonces, unos treinta de sus amigos, que obviamente se dedicaban al mismo tipo de negocios, comenzaron a rodearnos. Mi amigo Scott estaba detrás de mí y dijo en inglés: «Dino, vamos a morir. ¡Salgamos de aquí!».

Nos superaban clarísimamente en número, pero decidí que la mejor defensa es un buen ataque. Seguí gritándolo y amenazándolo, empujando el paraguas bajo su nariz y amenazándolo con molerlo a palos de forma que no volviera a ver la luz del día. Yo estaba aterrorizado, pero la adrenalina me había puesto el corazón a mil por hora.

Scott siguió gritando: «¡Vámonos de aquí!», mientras más vecinos nos rodeaban. Pero, de repente, varios de ellos se acercaron y depositaron billetes de 500 liras y de 1.000 liras a los pies de aquel hombre. Para mi asombro, los billetes siguieron cayendo al suelo hasta que se formó un montón de billetes a nuestros pies. Solté al hombre y este recogió el dinero lentamente y lo contó cuidadosamente. Me puso 50.000 liras en la mano izquierda mientras yo sostenía el paraguas con la mano derecha. Me metió el dinero en el bolsillo de la camisa y, acto seguido, Scott y yo corrimos como si nos fuera a vida en ello, alejándonos de la piazza y atravesando una serie de callejuelas tratando de perder de vista a la muchedumbre que nos perseguía. Esto fue después de que el hombre al que había amenazado con el paraguas lo tocara y comprendiera que no se trataba de una porra policial, sino de un paraguas, y dijera. «Hijo de perra. ¡Atrápenlo!».

Después de correr lo que me parecieron unos ocho kilómetros en menos de un minuto, Scott y yo acabamos en un barrio que no reconocimos ninguno de los dos. Nos inclinamos con las manos sobre las rodillas para recuperar el aliento y miramos a nuestro alrededor para asegurarnos de que no nos habían seguido.

Exhaustos e hiperventilando, nos acercamos a un kiosco para preguntar cómo volver a casa. El joven del kiosco salió y se acercó a mí mientras nos daba indicaciones. Señalaba con la mano izquierda explicándonos que debíamos tomar el autobús hacia tal y tal sitio, y después cambiar a otro autobús. ¡Mientras señalaba con su mano izquierda, mi mano derecha trataba de avanzar lentamente hacia el bolsillo de mi camisa, donde había puesto el dinero por el cual acababa de arriesgar mi vida! ¡Ese hijo de perra estaba intentando meter la mano en mi bolsillo!

Cuando me di cuenta de lo que estaba haciendo, lo miré directamente a los ojos y entonces me abalancé sobre él. Le puse la rodilla en el pecho y las manos alrededor de la garganta, tenía tanta rabia dentro que podría haberlo matado. Scott me apartó y el tipo se levantó frotándose el cuello, gritándome obscenidades y diciéndome que estaba loco. Cuando me acerqué a él con el paraguas, preparado para golpearlo, corrió al interior del kiosco y nos rogó que lo dejáramos en paz.

Scott y yo nos miramos y después echamos a andar lentamente hacia la parada del autobús. Asombrados por seguir aún con vida, sacudimos la cabeza y nos reímos histéricamente.

Recuerdo que pensé que, si eso era mi primera semana en la Facultad de Medicina, no sabía cómo iba a sobrevivir los siguientes seis años. Pero entonces me dije: «*Soy fuerte y puedo manejar esto y cualquier otra cosa que me depare la vida*».

Este es uno de los recuerdos que tengo de mi época de estudiante en Italia. Lo recuerdo claramente debido a la forma en que opera mi psique, algo que recordé mientras estaba en coma. La vida es una composición de lo que yo llamo *micelas*:

nubes traslúcidas diminutas repletas de enormes cantidades de datos, rostros compilados y guardados procedentes de distintas experiencias, emociones y sentimientos que cada uno de nosotros experimenta en nuestra travesía por la vida. Estas mycells se ven atraídas al interior de nuestras mentes por un motivo u otro, y allí forman los componentes de nuestra personalidad y nuestro subconsciente.

Cuando somos más jóvenes y tenemos menos experiencia, solo hay unas pocas mycells presentes para construir nuestra personalidad y nuestro mapa emocional. Construimos más y más mycells a medida que crecemos y nuestro camino se cruza con el de distintas personas, registrando los distintos aspectos de la personalidad de otras personas, ya sean buenas o malas. Estas experiencias comienzan a acumularse en nuestras mentes, como pequeños ladrillos que componen los muros de una casa donde se almacena toda esta información.

A medida que viajamos a través de la vida, nuestras experiencias se vuelven más abundantes. Nuestras mentes son como esponjas que absorben la información que nos presenta nuestro entorno, así como nuestras experiencias con otras personas. Algunas de estas experiencias se convierten en recuerdos que atesoramos, o lo que yo llamaría perlas (un compuesto de mycells) que se acumulan en nuestras mentes y se convierten en el cofre del tesoro donde guardamos los verdaderos secretos de nuestra vida.

Estas perlas perviven en lo profundo de nuestro subconsciente y en realidad nunca llegan a la superficie, a no ser que nosotros lo deseemos. En ese momento se convierten en parte de nuestra mente consciente. Imagina, por ejemplo, que estás en un entorno sereno, tranquilo y pacífico, contemplando las estrellas de una noche despejada. Tal vez puedas empezar a concentrarte en una constelación en particular, o incluso en una estrella. Podemos pensar en esa única estrella como si fuera una miel, y esta activará tu mente si se lo permites. La constelación de estrellas es la «perla».

Cuando se lo permitimos, nuestras mentes comienzan a vagar, imaginando distintas experiencias, personas y encuentros que hemos tenido en nuestras vidas. Muchas veces, estas perlas emergen como recuerdos placenteros cuando soñamos despiertos, y nos hacen esbozar una sonrisa.

Conocemos a tantas personas a lo largo de nuestras vidas que no imaginamos en efecto que algunos de esos encuentros tienen en nuestras vidas como mycells. Así que continuamos con nuestras rutinas diarias un día sí y otro también, acumulando experiencias igual que una computadora acumula gigabytes de datos. Sin embargo, tal vez los datos no se almacenen en su ubicación adecuada hasta que exista la estructura ambiental adecuada. Piensa en ello como si fuera una reacción química que crea una molécula a partir de átomos distintos.

Yo imagino que esta reacción crea una nube traslúcida en la que se almacenan esas mycells. Cada mycell puede contener miles de millones de megabytes de información, almacenada dentro de una sección minúscula de nuestro cerebro y fusionándose a veces con otras mycells para formar una unidad compacta. Entonces llega la reorganización, cuando es posible que algunas mycells se almacenen en la porción intelectual de nuestro cerebro, mientras que otras se almacenarán en la parte emocional o límbica. Muchas mycells son el equivalente dl acceso aleatorio a la memoria, nunca se aprovechan y nunca vuelven a emerger a n nuestra mente consciente.

Ahora imagina cómo vivimos como adultos con todas esas mycells acumulándose en nuestro cerebro. A muchas de ellas se accede aleatoriamente y nunca se almacenan de forma que se puedan buscar, aunque contengan información valiosa que podemos usar cuando nos encontremos con una persona en concreto o cuando una circunstancia estimula una reacción química mística que genera una nueva mycell, ¡o incluso una perla! La próxima vez que nuestras mentes accedan a esa información, se presenta una perla con más experiencias dramáticas de nuestra vida y, por primera vez en nuestras vidas, despertamos nuestras mentes conscientes y experimentamos una cálida tranquilidad emocional.

Durante mi experiencia cercana a la muerte, en mayo de 2015 tuve una visión de estas mycells. Me sentí como si estuviera flotando, y estas nubes traslúcidas de mycells me pasaban flotando al lado. Podía ver el interior de cada mycell y me estiré para tocarlas a voluntad. Cuando introduje la mano en una mycell, la experiencia que estaba almacenada en su interior me llegó a la mente a toda velocidad y fue como si estuviera viviéndolo de nuevo, con emociones, olores, sonidos, tacto, felicidad, visión, etc. La gente dice que, cuando te mueres, toda tu vida pasa ante tus ojos. De alguna forma, poder acceder a tantos recuerdos de mi vida antes del accidente me ayudó a fortalecer mi creencia en que saldría del coma, me recuperaría de las lesiones y me sobrepondría a todos los intentos de mis enemigos por destruirme.

Sabía que regresaría.

CAPÍTULO ONCE

Chelsea la psicópata

Mi padre era cirujano, igual que el padre de su padre. La nuestra era una familia de médicos italianos desde el siglo XVI. Aunque yo nací y crecí en Estados Unidos, elegí ir a la Facultad de Medicina en Italia para mantener viva la tradición familiar. Además, para ser sincero, es mucho más barato ir a la Facultad de Medicina en Italia que en Estados Unidos. Estudiar Medicina en Estados Unidos puede costar un cuarto de millón de dólares, pero mi matrícula en Italia era una fracción mínima de esa cantidad, tan solo mil dólares al año.

La educación médica en Italia también es mucho mejor que en Estados Unidos. Por ejemplo, estrictamente en términos de conocimientos teóricos, en Italia tienes que saberlo todo, o no apruebas. Los exámenes son todos orales: estás de pie frente a un panel de una docena de profesores aproximadamente, que te miran fijamente desde el otro lado de una gran mesa de madera, y ellos te formulan preguntas. Si consigues llegar al final de la mesa, apruebas y te dan la puntuación. Pero si no eres capaz de responder a algunas preguntas, suspendes y debes volver otro día e intentarlo de nuevo. Esto es distinto a como se hace en las escuelas de medicina de EE. UU., en las que los exámenes son escritos con las respuestas delante de ti en formato de preguntas de opción múltiple.

En Italia no suspendí ninguna de mis clases y siempre obtuve notas altas. Cuando terminé la Faculta de Medicina, trabajé en un centro médico dependiente de la universidad, comúnmente conocido como hospital universitario, en Brooklyn. Desde allí fui a Yale, y entonces estudié Cirugía Urológica en una universidad del Medio Oeste.

Conocí a Chelsea, mi exesposa, mientras estaba haciendo la residencia de urología en el Centro Médico de la Universidad de Nebraska. No tenía ni idea de en qué me estaba metiendo o cómo iba a causar estragos en mi vida.

Chelsea era casi analfabeta. Tenía dislexia y apenas podía leer y escribir. Cuando la conocí, trabajaba como bailarina gogó y estaba casi en la indigencia. Me dio pena e intenté ayudarla a aprender a leer y superar algunos de sus problemas. Nos vimos una temporada durante mi residencia y después, cuando nos mudamos a Nueva York, contraté los mejores tutores para que la enseñaran a leer y escribir.

Una vez terminada mi residencia de Cirugía, me marché del estado el 30 de junio y atravesé el país en auto con la intención de empezar a ejercer como médico privado en la ciudad de Nueva york, compartiendo el consultorio con mi padre. Chelsea vino conmigo como mi novia.

Estaba deseando salir del Medio Oeste. Allí los inviernos eran horribles, algunas veces llegando a lo que parecía noventa grados bajo cero. Era esa clase de frío que sientes cuando caminas al aire libre y parece que el viento te está arrancando la piel. A veces me duchaba y me dirigía a mi auto antes de que la barba y el bigote se me hubieran secado completamente. En el corto trayecto que separaba la casa del auto, el viento era lo bastante frío y poderoso como para que se me congelaran. Cuando me tocaba la barba, se me rompía a pedazos. Tenía que dejar el auto con un calentador enchufado por la noche para que la gasolina no se congelara en el interior del depósito. Muchas veces el hospital enviaba helicópteros para recoger a residentes que no podían conducir sus autos congelados al trabajo.

Mi relación con Chelsea no era la de un novio con su novia. Era más como sexo con posibles lazos en el futuro. Aun así, dejé que me acompañara a Nueva York. ¡Qué poco sabía...!

Chelsea no era una chica de ciudad, por decirlo suavemente. Era una mujer de pueblo sin cultura con un vocabulario vulgar, y se había criado en una casa repleta de armas. Nunca había salido fuera de su zona de confort, pero de algún modo consiguió aclimatarse a Long Island. Chelsea deslumbró a mi madre poniéndose a su entera disposición, incluso pasando el día en su casa mientras yo estaba en el trabajo. Mi madre estaba tan impresionada que de hecho me persuadió para que me casara con Chelsea, algo que no había tenido la intención de hacer. Pero estaba tan ocupado iniciando mi carrera profesional que acepté sin pensarlo realmente. A mi madre le gustaba y yo era un buen chico italiano que hacía caso a su madre, así que, ¿por qué no?

Nos casamos en junio de 1988 y nuestro hijo Vincenzo nació el año siguiente. Solo después de su nacimiento una serie de incidentes me mostró quién era Chelsea en realidad.

Además de ser analfabeta funcional, Chelsea tenía un mal carácter que no desaparecía. Siempre que alguien usaba palabras complicadas con Chelsea delante, aquello la frustraba hasta la locura, porque no sabía de qué estaban hablando. Y admito que lo hacía con bastante frecuencia como forma de vengarme pasivamente de ella.

Un día mi madre vino cuando estábamos en medio de una bronca. No recuerdo sobre qué era... Algo ridículo, estoy seguro. Mi madre dijo: «Déjenme el bebé mientras hablan».

Justo entonces recibí un aviso del hospital, así que subí a mi oficina en la planta superior para contestar al teléfono. Esto fue a finales de los ochenta, cuando los médicos todavía tenían buscapersonas. De repente se apagó la luz y caí al suelo. Chelsea había tomado un bate de béisbol y literalmente había usado mi cráneo para practicar. Me había dejado inconsciente de un golpe e inmediatamente después huyó de la casa, probablemente histérica porque pensaba que me había matado.

Asombrada al ver a Chelsea pasar corriendo a su lado, mi madre subió, me encontró inconsciente sobre el piso y llamó a una ambulancia. Me llevaron a un hospital cercano, donde me sometieron a unos cuantos escáneres y constataron que tenía una conmoción cerebral grave. No necesitaba cirugía, pero no podían dejarme a solas porque necesitaba verificaciones neurológicas periódicas. Tenía un ligero sangrado en el cerebro y, aunque no era algo que no se viera en una exploración por TAC (en esa época aún no existía la tecnología de resonancias magnéticas), debían vigilar las posibles pérdidas de conocimiento, el letargo y otros síntomas típicos de que pudiera haber problemas. Así que me quedé varios días en casa de mi madre.

Mientras tanto, Chelsea estaba desaparecida, así que mi madre me apremió a presentar una denuncia en la policía. Al principio, no estaba en condiciones de hacerlo, pero después fui a la comisaría de policía local. ¡Para mi sorpresa, Chelsea había presentado una denuncia! No tenía ni idea de lo que decía y la policía no se la había tomado en serio, ya que estaba claro que era falsa. ¡Me había atacado y después había tenido la audacia de presentarse como la víctima! Esto se acabaría convirtiendo en un tema recurrente en nuestra relación.

Al final Chelsea regresó a casa mientras yo dormía y habló con mi madre. No sé de qué discutieron, pero en opinión de mi madre, Chelsea se había tranquilizado. Sin embargo, yo seguía furioso. Mi esposa estaba trastornada y yo no sabía qué hacer al respecto. No podía abandonarla porque eso significaba dejar a mi hijo a solas con ella, así que el matrimonio continuó.

Incluso con los estallidos de ira de Chelsea, los primeros años de mi matrimonio fueron aceptables. Me di cuenta de que me faltaba algo fundamental, pero yo era un italiano chapado a la antigua. Me dije: *He cometido un error, pero estoy casado y tengo que vivir con el error.* Así que seguí intentándolo, trabajando mucho para mantenerlos a ella y a los niños.

En 1990 tuve oportunidad de conseguir un nuevo trabajo en Kissimmee, Florida. Volé hasta allí con mi esposa y mi hijo, y nos alojamos en un hotel agradable cerca de la clínica de urología. Habíamos planeado visitar Disney World después de la entrevista. La entrevista fue bien y me ofrecieron un puesto como socio, así que regresé a nuestro hotel y le conté las buenas noticias a mi esposa.

Me sentía como si estuviera pillando algo, y de repente me sentí como si me hubieran golpeado con una tonelada de ladrillos. Tenía fiebre alta con dolores, sudor, náuseas y vómitos. Tenía la cama empapada de sudor y estaba extremadamente deshidratado. Ni siquiera era capaz de salir de la cama, y Chelsea y mi hijo habían desaparecido. Si nadie me ayudaba, moriría. Desaparecieron durante varios días, y al final llamé a mis padres a Nueva York y les dije lo que estaba ocurriendo.

Mi padre y mi madre se subieron al primer avión y vinieron directamente a mi hotel. Milagrosamente, Chelsea y mi hijo se presentaron justo cuando mi padre, que me había examinado, me comunicaba que tenía gripe porcina. Me extrajo fluidos intravenosos y me colocó una vía intravenosa para restablecer mis electrolitos a un nivel normal. Cuando me hube estabilizado, hicimos las maletas y todos tomamos el mismo vuelo a Nueva York, donde me recuperé completamente. El incidente demuestra claramente el patrón de conducta de Chelsea de huir en momentos de crisis. No era ni una buena madre ni una buena esposa, y a veces me preguntaba si había deseado que la gripe porcina me matara.

Parecía que las cosas iban de mal en peor. Después de darle a Chelsea una tarjeta de crédito con un límite de 25.000 dólares, recibí una llamada del banco para comunicarme que la cuenta estaba al descubierto. «¿Qué demonios?», pregunté. ¿Me han robado la tarjeta?» Al parecer, Chelsea se había ido de compras compulsivas y había comprado un montón de cosas que no necesitaba.

Después del divorcio, supe por mi madre que Chelsea también había ido de compras compulsivas de una clase diferente mientras estuvimos casados... sin usar nunca la tarjeta de crédito. ¡Salía y robaba en las tiendas, con mi hijo en la cesta de la compra! Supongo que buscaba emociones fuertes.

Según mi madre, Chelsea se había presentado en su casa un día y le había preguntado: «Mamá, ¿te gustan mis gafas de sol nuevas?

Mi madre replicó que eran muy bonitas y obviamente caras, ya que Gucci siempre es caro. «¿Cuánto te costaron?» preguntó.

Con ganas evidentes de presumir, Chelsea le respondió: «No me costaron ni un centavo». «¡Las robé!»

«¿Cómo puedes ir robando así por ahí?» preguntó mi madre.

«No es tan importante» había respondido Chelsea. Además de resto de problemas, era cleptómana.

Chelsea había sido drogadicta antes de conocerla yo, y había creído que podría cambiarla. Antes de nuestra boda, me había prometido que aprendería a leer y escribir, haría el examen GED y mejoraría. Incluso incluimos eso en nuestro acuerdo prematrimonial. Mientras estuvimos casados, contraté los mejores tutores y psicólogos para ayudarla, y creí de verdad que estaba asistiendo a sesiones de tutoría para su dislexia. Yo le daba dinero en metálico y ella salía de casa, en teoría para asistir a sus sesiones.

Esto se prolongó durante años. Yo volvía a casa y preguntaba: «¿Cómo van las cosas?». Y ella respondía: «¡Oh, fabuloso! Bla, bla, bla».

Un día que llegué a casa pronto del trabajo, su tutor llamó para preguntar si Chelsea ya había salido del hospital. «¿Qué?», exclamé.

«Chelsea me dijo que estaba hospitalizada para tratarse una enfermedad grave. No la he visto en cinco meses. ¿Está bien?».

«¿No la ha visto en cinco meses?» repetí. «¿Me está diciendo que no ha ido a verle, que no le ha pagado nada del dinero que he estado dándole para sus lecciones?»

Libby reiteró que no había visto a Chelsea en cinco meses, y que la historia era que Chelsea estaba enferma en el hospital.

Naturalmente, cuando me enfrenté a Chelsea y se dio cuenta de que la había pillado, se puso como una furia, tuvo una rabieta y se marchó. De nuevo, transcurrieron veinticuatro horas y no la encontraba por ninguna parte. Al menos en esa ocasión no me golpeó, aunque me quedaron las cicatrices de todas las mentiras que había descubierto.

Ocho años después del divorcio, supe que Chelsea había estado yendo a casa de un amigo para tomar drogas. Al parecer fumaba hierba y tomaba cocaína, metanfetamina y Dios sabe qué más. Me asombré al descubrir que también tenía aventuras amorosas y me estaba engañando con dos tipos y una mujer, aunque aquello explicaba muchas cosas: como por qué no habíamos tenido sexo los últimos seis o siete años de nuestro matrimonio.

En resumen, episodio tras episodio, Chelsea mentía, yo la pillaba y ella volvía a hacerlo. Era patológico y, lo que es peor, era autodestructivo y peligroso para nuestro hijo.

En 1990, un día que tenía el horario completo, la jefa de enfermeras se acercó a mí durante una operación quirúrgica y me dijo: «Necesito hablar con usted después de este caso, Dr. Panvini. Es urgente».

Respondí: «¿Puede decirme aproximadamente de qué se trata?».

«Después del caso», respondió.

Era obvio que no quería desconcentrarme. Así que terminé con el paciente y después le pregunté qué podía ser tan importante.

La jefa de enfermeras dijo: «Su hijo está en el hospital y su casa se está quemando».

Me dijo dónde estaba mi hijo y fui allá inmediatamente. Mientras conducía frenéticamente hacia mi casa, vi los camiones de bomberos. Aparentemente, Chelsea había puesto a hervir unas tetinas de biberón sobre la cocina y se había olvidado de ellas. Cuando se evaporó toda el agua, se inició un fuego. Mi hijo estaba en una sillita en la cocina cuando todo esto comenzó, y se vio invadido por el humo. Esa noche tuvieron que dejarlo en el hospital.

En otra ocasión, en 2004, después de mudarnos de Nueva York a Indiana, mi hijo y mi hija me llamaron sobre las nueve de la noche, justo cuando estaba preparándome para entrar en el quirófano. Claramente desesperados, me dijeron: «Mami acaba de salirse de la carretera y se ha caído a una zanja. No sabemos qué hacer y está inconsciente».

Yo dije: «No se muevan, voy inmediatamente». Llamé a la policía, salí a toda prisa del hospital y después me dirigí en el auto hacia la carretera en la que mis hijos habían descrito que se había caído en una zanja, pero el auto no estaba allí y fui a casa, donde los encontré desatendidos. Al parecer, Chelsea había logrado sacar el auto de la zanja y lo había llevado a casa. Pero estaba tan drogada con lo que fuera que se había tomado que se había desmayado en nuestra cama, dejando a los niños solos en la planta baja.

Chelsea era un peligro para ella y para los demás, para nuestros hijos y para mí especialmente, y me asombra que pudiera escapar vivo de ese matrimonio.

CAPÍTULO DOCE

911

Mientras siga vivo, nunca olvidaré los acontecimientos del 11 de septiembre de 2001. Lo que sucedió ese día tuvo un profundo efecto en mi vida durante los años siguientes, y se podría decir que fue la chispa para todo lo que vino después, justo hasta el día de hoy.

En aquella época, estaba trabajando en varios hospitales de Nueva York entre los que estaba el hospital Saint Vincent en Manhattan, donde estaba de guardia aquel día. La noche antes, el 10 de septiembre, había tenido una cena con el representante de una empresa farmacéutica en Windows of the World, el restaurante que había en la última planta de la torre Norte del World Trade Center. Mis colegas y yo cenamos allí por última vez, literalmente. Había planeado quedarme a pasar la noche en la ciudad, pero cambié de opinión y me fui más temprano de lo que había pretendido inicialmente porque tenía pacientes al día siguiente.

Me fui a casa, me acosté y me desperté a la mañana siguiente a las siete. Justo cuando entré en el auto, recibí una llamada del hospital diciéndome que habían cancelado una apendicectomía, así que mi primera operación sería un par de horas más tarde de lo programado. Dije: «De acuerdo», y me senté a ver la CNN.

Mientras miraba el informe sobre el mercado de valores, el presentador dijo que acababa de haber una explosión en el World Trade Center. «¡Chelsea, ven aquí!», grité. Ahí es donde estuve anoche, y ha habido una explosión». En esos primeros momentos, no estaban seguros de si era un avión o algo distinto.

Estaba preocupado por el crecimiento exponencial de la población musulmana en el área donde estaba mi consultorio. Todo el episodio propició inmediatamente que un montón de preguntas empezaran a cruzar por mi mente. Estábamos siendo atacados, ¿o se trataba de un extraño accidente? Había notado que en la ciudad de Long Island, donde tenía uno de mis consultorios, la población había pasado a ser predominantemente musulmana casi de la noche a la mañana.

Seguía pensando en eso cuando el segundo avión se estrelló contra la otra torre. Cuando ocurrió eso, me volví hacia Chelsea y dije: «Entra en el auto. Nos están atacando y tenemos que recoger a los niños».

Naturalmente, ella desechó mis preocupaciones y dijo: «Estás loco y paranoico».

«No discutas conmigo», dije. Entra en el auto y vamos a recoger a los niños de la escuela».

Mi hijo y mi hija asistían a escuelas cercanas a nuestra casa. Chelsea y yo recogimos a nuestra hija Natasha primero, y aún no había más padres en la escuela. Sin embargo, cuando recogimos a nuestro hijo ya había una fila de coches. En el exterior del edificio había policías, agentes del FBI y multitud de niños hablando por los celulares con sus padres en el World Trade Center.

Mientras nos dirigíamos a la escuela de Vincenzo, oímos la noticia del vuelo 93 que había caído en Pensilvania, un intento de secuestro aéreo frustrado en Texas, y que otro avión se había estrellado contra el Pentágono. Vi la mirada de miedo en el rostro de Chelsea cuando comprendió que todo era real y dijo: «Ay, Dios mío, ¿de verdad estamos sufriendo un ataque?»

Cuando llegamos a la escuela de Vincenzo, corrió histérica al interior para buscarlo. Yo me quedé en el auto con Natasha en el asiento de atrás. Era un día brillante y soleado, pero la desolación de la catástrofe había empezado a afectar a todos los neoyorkinos con recuerdos que nunca más olvidarían.

Mientras esperaba a Chelsea, vi a los agentes del FBI y a los pobres niños llorando mientras hablaban con sus padres. Veía a lo lejos los penachos de humo que se elevaban sobre el World Trade Center. La situación era surrealista y, cuando lo pienso hoy, todavía me entran escalofríos. Muchísima gente se vio afectada, incluyendo los niños que tenía delante de mí. Contemplé las lágrimas en sus ojos, gritando y llorando al comprender que ya nunca más verían a sus seres queridos. Los agentes del FBI, los policías, los consejeros de la escuela y los maestros estaban intentando consolar a los niños, aunque ellos también estaban confusos por el ataque. Todo nuestro mundo se había fracturado, y nos sangraba el corazón con el daño irreparable que se había causado al futuro de todos los neoyorkinos.

Mientras seguía escuchando las noticias en el auto, veía a los pobres niños, apenas adolescentes, hablando en sollozos por sus celulares y contemplando el penacho de humo en la distancia. De repente, vi que el penacho se hizo mucho más grande y entonces el reportero de la radio dijo: «Señoras y señores, no van a creerlo, pero la Torre Dos se ha derrumbado a las 9:59 a.m.» De repente, todo se quedó en silencio por unos instantes y entonces los niños empezaron a gritar frenéticamente, arrojando los teléfonos al suelo y dando puñetazos al cemento hasta que les sangraron las manos.

Mientras tanto, Chelsea había encontrado a Vincenzo en el interior del edificio de la escuela y lo sacó al exterior. Cuando lo estaba metiendo en el auto, el reportero dijo: Damas y caballeros, la Torre Uno acaba de derribarse a las 10:28».

Nadie dijo nada mientras conducía a mi familia a nuestra casa. Entonces les ordené que cerraran las puertas con llave y no la abrieran a nadie por ningún motivo, que no malgastaran electricidad y que se mantuvieran a salvo. Tenía que ir a la ciudad porque estaría de guardia en trauma para el triaje de los pacientes en el centro médico Flushing Hospital, donde formaba parte de la plantilla. Los cirujanos de los hospitales de Nueva York están obligados a responder ante cualquier desastre y me había sonado el buscapersonas, así que debía ir al hospital tan pronto como pudiera.

Necesitábamos liberar camas para las oleadas de heridos que suponíamos que pronto llegarían al hospital. Así que tuve que revisar los gráficos de todos los pacientes para localizar a todos aquellos que no necesitaran desesperadamente estar ingresados, recetarles los medicamentos pertinentes y darles el alta. Después de acabar con eso, bajé a la sala de emergencias y esperé... y esperé... y esperé. Se presentaron un par de pacientes con lesiones pulmonares debido a la inhalación de escombros, pero ningún superviviente del interior de las torres.

Al día siguiente, después de pasar toda la noche en el hospital, decidí que, para ser de ayuda de verdad, debía acercarme más a la Zona Cero. Así que, después de pasar todo el día en el hospital Flushing, decidí ir por mi cuenta hasta el World Trade Center. En un día normal, el tráfico de Nueva York es una pesadilla, pero el 12 de septiembre la ciudad estaba virtualmente paralizada y todo el mundo estaba paranoico. Me tomó más de una hora recorrer una milla debido a las barricadas de la policía, los controles de seguridad y todo lo demás.

Cuando llegué al puente de la calle Cincuenta y Nueve l 12 de septiembre, vi a gente caminando como zombis, cubiertos en lo que parecía polvo lunar con miradas perdidas en los ojos.

Caminaban por el lateral del puente sin ninguna expresión de emoción, pero las lágrimas habían cavado unos surcos en el hollín que se estaba endureciendo en sus rostros.

Al otro lado del puente vi gente dirigiendo el tráfico y vagando por la calle. Cada vez que pienso en ello se me pone la piel de gallina. El tráfico era infernal, pero divisé a un agente de policía en medio del caos. Vestido con mi bata blanca de laboratorio, el uniforme médico y la insignia identificativa del hospital, me acerqué a él.

Estaba dirigiendo el tráfico lo mejor que podía, diciendo: «No puede ir por aquí», «No puede ir allí», básicamente intentando quitar a la gente de en medio.

Mientras le mostraba mi identificación, dije: «Debo llegar a la Zona Cero».

Se acercó a la ventanilla de mi auto, preparado para desestimar mi petición como las demás, y dijo: «No puede ir allí». Pero entonces me volvió a mirar y dijo: «¿Doctor?» Dio la casualidad de que era uno de mis pacientes. «¿Qué está haciendo aquí?», me preguntó.

Yo dije: «Trabajo en Saint Vincent y debo llegar allí para ayudar».

Hizo un movimiento, como diciendo: «Deme las llaves».

Lo miré confundido y pregunté: «¿Qué quiere decir?»

Él dijo: «Deme las llaves». Le mostraré cómo llegar y me ocuparé de su auto».

Le di las llaves, salí del auto y caminé hacia el lugar, y la destrucción era indescriptible. Al principio todavía podía distinguir los colores, pero todo se volvió gradualmente más y más gris, hasta que al final no había ningún color. Seguí caminando sobre lo que parecía polvo lunar, rodeado de un olor acre horroroso que era nauseabundo. A día de hoy todavía recuerdo la carne quemada, la goma o lo que fuera que produjera ese olor horroroso.

Mientras caminaba, vi fotos familiares y otros objetos personales de las oficinas, todo ello aplastado bajo los escombros. A veces, cuando golpeaba los escombros, el polvo lunar se dispersaba y dejaba ver objetos blandos inidentificables, y de pronto comprendí que se trataba de partes de cuerpos humanos. Continué caminando en medio del horror, como todos estábamos en esos momentos, y por fin llegué a la Zona Cero.

Justo cuando llegué oí una gran ovación. ‹Al parecer, habían encontrado a uno de los bomberos que se había perdido el día anterior entre los escombros (el 11 de septiembre), y habían logrado rescatarlo. Lo transportaron inmediatamente a Saint Vincent.

Los acontecimientos del 11 de septiembre de 2011 están grabados a fuego en mi memoria para siempre, y perdí muchos buenos amigos ese día. Pero también presencié muestras de depravación y codicia humana que me mostraron lo corruptas que pueden ser las personas.

En aquella época yo vivía en Manhasset, Long Island, donde vivían muchos corredores de bolsa. Tomaban el tren de Long Island a Manhattan todas las mañanas para evitarse los dolores de cabeza de ir en auto al trabajo. Después del desastre del 11 de septiembre, vi oleadas de abogados acechando el estacionamiento de la estación de ferrocarril. Estaban anotando los números de matrícula de los autos abandonados, rastreando a los dueños a través de los registros del Departamento de Vehículos Automotores, yendo a sus hogares, acercándose a las viudas y haciendo ofertas a la baja por sus casas. Esa gente eran parásitos depravados... Era increíble. Supe todo esto a través de uno de mis pacientes que trabajaba en el Departamento de Vehículos a Motor en Long Island.

Mi consultorio se convirtió en un centro de triaje para los bomberos y los agentes de policía. No recibía a mis pacientes habituales; si conseguía llegar al consultorio, empleaba mi tiempo atendiendo a los policías y bomberos. Esa semana fui al consultorio tal vez dos veces solo para ayudar, pero, aparte de eso, estaba paralizado.

Nueva York cambió aquel día. En mi cabeza, la pregunta no era *si, sino cuándo* tendría lugar el próximo ataque, y aquello me afectó profundamente. Me cansé de contener el aliento cada vez que atravesaba un túnel o un puente, preocupado porque el auto o el camión que tenía delante estuviera cargado de C4 o cualquier otro explosivo. Ya no me sentía bien en Nueva York, así que, dos años más tarde, puse la casa a la venta después de un acontecimiento muy grave cercano a la muerte.

Una noche, después de terminar la ronda en el hospital Mary Immaculate en Jamaica, Queens, estaba todavía a menos de tres kilómetros del hospital cuando recibí una llamada del quirófano debido a un traumatismo renal con numerosas heridas de bala. Contacté con los residentes por teléfono y les di instrucciones sobre cómo controlar el sangrado mientras yo llegaba. Cuando llegué, vi numerosas heridas de bala en el riñón, el hígado, el bazo y los intestinos. Hice mi parte, que significaba practicar una nefrectomía parcial y detener el sangrado al realizar una esplenectomía, y dejé lo demás a los cirujanos generales. Uno de los residentes se giró hacia mí y dijo: «Supongo que sabes que este tipo te va a agradecer de verdad».

«Seguro que sí», respondí

«No, quiero decir que te va a dar las gracias de verdad».

Me incliné sobre la sábana quirúrgica diciendo: «¿A quién estamos operando, al presidente?» Resultó que era uno de mis colegas de Cirugía. Estaba en el mismo estacionamiento que yo acababa de dejar cuando se vio atrapado en el fuego cruzado de una batalla entre bandas. Comprender que podía haber sido yo el que estaba sobre la mesa de operaciones me hizo despertar hasta tal punto que decidí que vivir en Nueva York era muy peligroso para la salud. La semana siguiente decidí abandonar Nueva York.

CAPÍTULO TRECE

La debacle de Indiana

Cuando decidí abandonar Nueva York no tenía ningún plan en mente. Simplemente regresé a casa un día con un mapa de Estados Unidos, lo extendí en la sala de estar y les pedí a Chelsea, Vincenzo y Natasha que arrojaran un dardo. Allá donde aterrizara el dardo, allí nos mudaríamos. Inmediatamente mi hija lanzó un dardo que aterrizó en el medio de Indiana, así que allá fuimos: a un campo de maíz en Indiana.

Conseguí vender la casa con un buen beneficio y lo empacamos todo mientras cerraba mi consultorio en la ciudad. Encontré rápidamente un empleo en Indiana que me pagaba bastante bien, y arreglé todos los papeles de mi licencia médica estatal en seis semanas. Hicimos varios viajes para buscar una casa y al final encontré una que estaba recién construida pero aún necesitaba algo de trabajo. Toda la transición nos tomó aproximadamente tres meses, y entonces empecé a ejercer en Indiana.

Mudarnos no fue una decisión que Chelsea apoyara. Me dijo: «No puedo creer que nos hagas mudarnos desde Nueva York a esta mierda de lugar. No soporto estar aquí». No estaba nada contenta con la mudanza a Indiana, aunque era lo mejor para los niños.

Una noche, no mucho después de llegar, yo estaba dando un paseo con mi hija cuando esta me preguntó: «Papi, ¿qué son esas cosas blancas del cielo?

«¿Qué cosas blancas? —pregunté—. ¿Te refieres a las estrellas? ¿La luna?

La niña no sabía cómo llamarlas, pero señalaba hacia las estrellas. Entonces comprendí que nunca había visto estrellas en Nueva York a causa de la contaminación lumínica. Indiana era como un mundo nuevo para mis hijos. Por primera vez, podían montar en sus bicicletas y hacer muchas otras cosas divertidas para los niños. Parecía realmente lo mejor para todos, y nuestras vidas se encaminaban por un sendero de paz y tranquilidad. Por supuesto, Chelsea tenía que encontrar la manera de estropearlo todo.

Cuando vivíamos en Nueva York, Chelsea sufría una afección llamada síndrome de Ramsay Hunt (herpes zóster en el nervio trigémino) que afecta a los nervios faciales próximos a un oído. Casi cada semana tenía ataques muy dolorosos de parálisis de Bell, una parálisis del rostro. En Nueva York, probablemente debido a su dislexia, había sido cautelosa a la hora de aventurarse en barrios nuevos o ir a lugares que no le eran familiares, porque no quería perderse. El estrés de su dislexia, unido a su analfabetismo y la enfermedad, le estaba creando muchos problemas.

La llevé a más de veinte especialistas en manejo del dolor y enfermedades infecciosas para encontrar un modo de manejar el síndrome de Ramsay Hunt, pero nadie fue capaz de hacer nada por ella. Se sometió a varios procedimientos: bloqueo de ganglio estrellado y otras cosas que nunca parecían ofrecerle ningún alivio. No podía tomar narcóticos, así que tomaba otra medicación que tenía el riesgo de sufrir daños en el riñón y otros órganos, y tomaba dosis muy altas.

Sin mi conocimiento, el Dr. Hastings de la clínica de manejo del dolor del centro médico Long Island, le dijo a Chelsea que era una pena que la marihuana no fuera legal, porque probablemente era lo mejor para ella. Mi esposa me ocultó esa conversación, de la misma forma que me ocultaba tantas otras cosas.

Más tarde supe que la marihuana se usó en los años treinta para tratar la culebrilla, así como otros tipos de dolor, incluyendo el síndrome premenstrual. La marihuana tiene efectos neuroestabilizadores y se usaba para controlar el dolor y las neuropatías. Por eso, también sin mi conocimiento, Chelsea se llevó una gran cantidad de marihuana de Nueva York a Indiana, y allí la ocultó en unas cajas en el garaje.

Una noche dije: «Chelsea, parece que la ausencia del estrés de vivir en Nueva York te está ayudando. Ya no tiene los ataques tan a menudo».

Ella contestó: «No es el cambio de entorno». «¿A qué se lo atribuyes?» pregunté.

«Marihuana».

No podía creerlo. Estaba lívido de ira. Solo entonces me contó lo que el Dr. Hastings le había recomendado y cuánta marihuana se había traído de Indiana.

«Chelsea, esto no va a funcionar», dije. «No sabes con qué han mezclado la marihuana, y no sabes nada de la sustancia que estás metiendo en tu cuerpo. Sí, puede hacerte algún efecto, pero no sabes qué causa ese efecto.

Después de mi enfado inicial, investigué un poco y descubrí que la marihuana se usaba para el manejo del dolor en varias circunstancias. En esa época, a principios del 2000, pocos estados la habían legalizado, y admito que inicialmente estaba muy en contra. Pero entonces empecé a entender algunos de sus usos medicinales y vi la mejoría en Chelsea, que había estado crónicamente deprimida e incluso albergaba pensamientos suicidas. De hecho, había estado tan deprimida que había tenido que mantener las armas fuera de su alcance y racionarle los medicamentos para el dolor por miedo a que intentara hacerse daño.

Sentía empatía por la situación de Chelsea y comprendía que había problemas legítimos en juego. Así que llamé al Dr. Hastings con su permiso y hablé yo mismo con él. Me explicó por qué había hecho esa recomendación y me proporcionó información para que lo estudiara. Investigué por mi cuenta y descubrí que lo que decía era cierto.

Entonces le dije a Chelsea: «Mira, en este estado la marihuana no es legal, aunque al parecer sí lo es en otros estados. No quiero tener nada que ver con esto. Vas a tener que ingeniarte una forma de hacer esto tú sola».

Y así lo hizo. La hermana de Chelsea, Sasha, una cabeza de chorlito drogadicta, enseñó a mi esposa cómo cultivar marihuana. Chelsea preparó una pequeña área de nuestro sótano con unas pocas luces y un montón de plantas. No se le daban nada bien las plantas, y ninguna creció más de diez o doce centímetros. Todo el asunto era ridículo y, cuando le contó a Sasha los problemas que estaba teniendo, esta acordó enviarle unas semillas por correo.

Las semillas que Sasha le envió a Chelsea no fueron interceptadas por la policía o por las autoridades postales, pero algo que pidieron al extranjero por Internet sí lo fue. Así que un día, mientras yo estaba trabajando en el consultorio, recibí una llamada de Chelsea.

«Dino, ha venido la policía a nuestra casa y tienen una orden de registro. ¿Qué hago?».

«¿Qué problema hay?», pregunté. No tenía ni idea de su operación de cultivo, ya que no había querido tener nada que ver con ello. Le había advertido: «Mira, si te ayuda, estupendo. Pero no te metas en problemas y no compres nada en la calle».

Por teléfono me dijo: «Ha venido la policía, los agentes de Aduanas y el jefe de Correos. Quieren la llave del sótano».

«Chelsea, la llave la tienes tú».

«No, no la tengo».

«Chelsea, bajas al sótano todos los días».

Ella insistió en que no tenía la llave. Si hubiera sabido entonces lo que sé ahora, la forma en que intentaría destrozar mi vida los años siguientes, habría comprendido inmediatamente que estaba intentando incriminarme al nombrarme como participante en sus actividades delictivas. Pero entonces todavía era inocente en muchos aspectos.

Le dije que iría inmediatamente a casa. Tan pronto como llegué, comencé a formular preguntas a las autoridades allí reunidas.

El jefe de correos me dijo: «Hemos interceptado un paquete de semillas pedidas a nombre de su esposa». Venían del extranjero y se interceptaron en la aduana, y tenemos una orden de registro para esta casa».

Les dije que podían buscar donde quisieran. Dado que yo no sabía lo que iban a encontrar en el sótano, me mostré un poco ambiguo, pero en realidad no había otra opción. Me preguntaba por qué Chelsea no les había abierto el sótano, pero intenté permanecer calmado, tranquilo y cordial.

Había trabajado tanto para arrancar con mi consultorio que no me había tomado el tiempo de ver lo que estaba sucediendo en el sótano. Pero, cuando bajé acompañado por la policía y el resto de agentes de la autoridad, vi que había colgado unos focos para cultivar treinta o cuarenta plantitas, aunque ninguna había crecido lo suficiente para cosecharlas.

Lo siguiente que supe fue que Chelsea y yo estábamos esposados. «¿Qué demonios ocurre?» protesté. «Yo no tengo nada que ver con esto. Ni siquiera lo sabía».

Ellos dijeron: «Está en su casa, y la casa está a su nombre». Y así es como me vi arrastrado al caos de Chelsea una vez más.

Tenía pacientes que ver al día siguiente y, para entonces, toda la ciudad sabía lo que había ocurrido. Los médicos a quienes yo no les gustaba y eran mi competencia en la ciudad se aseguraron de que la noticia se difundía ampliamente, en los periódicos locales, radio, televisión y en Internet, y que mi reputación quedase completamente empañada. Un artículo decía: «Médico y su esposa arrestados por cultivo de marihuana en su casa. Treinta plantas incautadas por la policía. El consejo médico de Indiana revoca la licencia al Dr. Panvini».

Tuve que contratar a un abogado y me vi obligado a declararme culpable de un delito menor, aunque al final conseguí que lo eliminaran de mis antecedentes penales. No sé si Chelsea hizo lo mismo, y me da igual. Esa batalla larga y agotadora destruyó mi carrera en Indiana y dejó una mancha enorme en mi carrera médica.

El consejo de acreditación médica de Indiana me acusó falsamente de tratar a mi esposa con marihuana medicinal. Me amenazaron diciendo: «Si no se declara culpable, le revocaremos la licencia médica para siempre». Era mentira, pero tenían que decir algo o habrían parecido idiotas, que es lo que parecieron.

Luché con tanta fuerza como pude. Recabé testimonios de pacientes, médicos y amigos, cientos de personas que le dijeron al consejo de acreditación médica lo buen médico que era y que mi capacidad nunca se había visto mermada. Me hicieron análisis de sangre, orina y cabello, y todos arrojaron un resultado negativo. Cuando le hicieron las mismas pruebas a Chelsea, todos sus resultados dieron positivo, por razones obvias.

La junta médica había suspendido inmediatamente mi licencia médica en cuanto fui acusado, así que ahora iban a quedar en ridículo. Tenían que hacer algo con sustancia para quedar en buen lugar, así que me ordenaron que me declarase culpable de haber tratado a Chelsea con marihuana. Yo protesté, naturalmente, pero replicaron: «Bien, en ese caso, perderá su licencia».

Matthew Wiley, mi abogado, era un hombre alto, gordo y arrogante con cabello gris. Además de codicioso, era el abogado más famoso de Indiana porque era el abogado de muchos famosos, entre los que estaban los pilotos de NASCAR. Wiley me dijo: «Mire, acepte el trato».

Echando la vista atrás, debería haber peleado más, pero tenía que vérmelas con un puñado de paletos incapaces de admitir que habían cometido un error y un abogado corrupto que solo quería terminar con el caso, independientemente de las repercusiones que eso tuviera para mí. Sabían que yo no había tratado a Chelsea, porque les presenté documentación exhaustiva en la que se demostraba que había sido tratada por el Dr. Hastings y más de veinte especialistas de todo el país. Les proporcioné pruebas de sus problemas de salud y del hecho de que su salud estaba mejorando.

Más tarde descubrí que mi abogado estaba inflando su factura denunciándome a la DEA, la Administración para el Control de Drogas. La DEA me envió un aviso obligándome a firmar un acuerdo en el que declaraba que nunca volvería a tratar a un paciente con marihuana medicinal, ¡algo que yo jamás había hecho!

Pero había aprendido algunas cosas sobre las investigaciones que se habían realizado sobre la marihuana medicinal en el tratamiento de pacientes con cistitis intersticial y neuropatía crónica, y sabía que firmar ese acuerdo me impediría mantenerme a la vanguardia de futuros avances en mi campo. Así que me negué a firmar ese acuerdo chapucero, simplemente porque el gobierno federal se había quedado anclado en el pasado. Numerosos estudios e investigaciones han mostrado resultados positivos y beneficios clínicos prometedores en pacientes que sufren, por ejemplo, dolor crónico y trastornos convulsivos.

Entonces las cosas empezaron empeorar. Comencé a oír de pasada conversaciones telefónicas entre Chelsea y su hermana sobre cómo echarme toda la culpa a mí, lo cual era absurdo planteárselo siquiera. Obtuve resultados negativos para drogas en los análisis de sangre, de cabello y de orina, mientras que ella dio positivo... ¿y quería culparme a mí? Era totalmente irracional.

Desde el punto de vista emocional, me encontraba en el punto más bajo de toda mi vida. Le pregunté a Dios por qué permitía que me sucediera algo así en el momento más álgido de mi carrera, aunque sabía que no es así como actúa Dios. Estaba deprimido y confuso sobre lo que me depararía el futuro. Pedí consejo a unos amigos de Nueva York, entre los cuales había pacientes antiguos que eran abogados.

Para evadirme un poco de los problemas, me matriculé en el programa de MBA online de la Universidad de Phoenix e hice algunos cursos empresariales. Como en esa época no podía ejercer la medicina, pensé que podía fortalecer algunas áreas de mi educación en las tenía carencias.

Cuando oí por causalidad las conversaciones entre mi esposa y su hermana, comencé a sentir menos certeza sobre el futuro de mi matrimonio. Afortunadamente, la salida se presentó sola. Estaba trabajando en uno de los hospitales locales, y el gerente de ese hospital me dijo: «Mire, nos da igual lo que digan los periódicos». Estaremos más que encantados de que opere en nuestras instalaciones. Su trabajo es muy bueno». Así que concentré todo mi esfuerzo allí.

Entonces surgió una oportunidad en el condado de Washoe, Nevada, una pequeña ciudad cerca de Reno, y decidí mudarme allí. Mientras estaba empacando y preparándome para irme yo solo de Indiana, ya que los niños estaban en mitad del año escolar, Chelsea preguntó: «¿Por qué ya no me dices que me amas?»

Me volví para mirarla a la cara y dije: «Porque no te amo».

¿Cómo podía amar a alguien que casi había destruido mi carrera? ¿Alguien que me había atacado de muchísimas formas, mentalmente, emocionalmente e incluso físicamente? No tenía ni idea de que lo peor estaba por llegar.

CAPÍTULO CATORCE

Intento de asesinato por parte de mi esposa

Chelsea presentó la demanda de divorcio la Nochebuena de 2006. El día anterior había pagado 50.000 dólares a su abogado usando una de mis tarjetas de crédito. Incluso con lo mal que estaban las cosas entre nosotros, una parte de mí aún era el esposo leal. Intentaba mantener unida a nuestra familia y hacer que nuestro matrimonio funcionara, a pesar de haberme encontrado cara a cara en repetidas ocasiones con sus mentiras, su furia, su forma negligente de criar a nuestros hijos y todo lo demás.

Chelsea mentía sobre las cosas más mínimas. Una noche, cuando aún vivíamos en Nueva York, debió sentirse irritada por mis comentarios acerca de que nunca cocinaba y siempre llevaba a los niños a comer a McDonald's y Burger King. Cuando regresé a casa del trabajo, me encontré una cena exquisita preparada en la cocina.

—Vaya, Chelsea, ¿qué ha pasado aquí? —pregunté.

—Llevo todo el día cocinando para ti —respondió.

—¿Lo has cocinado tú? —Estaba sinceramente sorprendido.

—Sí —dijo—. Tu madre me dijo qué hacer.

Le dije que estaba impresionado, y una parte de mí lo estaba de verdad. Había preparado espaguetis, albóndigas y toda una cena italiana.

—Deja que vaya a lavarme y cenamos —le dije. Pero cuando eché un vistazo al cubo de basura al salir de la cocina, vi que había encargado la comida en un restaurante italiano.

Decidí dejarlo pasar, así que me lavé en la planta superior, bajé y pregunté de nuevo:

—Guau, ¿todo esto lo has cocinado tú?

—Sí, absolutamente todo. —Era una mentirosa patológica y simplemente se negaba a renunciar a su historia.

No volví a mencionarlo hasta después de la cena.

—Chelsea, deberías deshacerte de las pruebas que hay en el cubo de la basura —dije con una sonrisa.

Se puso lívida de rabia y al instante comenzó una de las rabietas con las que ya estaba profundamente familiarizado. Pero al menos en esa ocasión no me golpeó.

En 2006 las cosas se habían puesto realmente mal. Me había mudado al área de Reno tras el escándalo de la marihuana en Indiana y estaba trabajando en el condado de Washoe, Nevada. Pero todavía esperaba que pudiéramos ser una familia y conseguir que las cosas funcionaran, así que me preparé para traer a Chelsea y a los niños de forma permanente a Nevada.

Había elegido una casa preciosa con un gran jardín trasero en un barrio con escuelas estupendas. Los llevé allí para que pudieran conocer el lugar y se hicieran a la idea de vivir en Nevada, ya que, después de todo, es bastante distinto a Indiana. Pasar de los campos de maíz al desierto suponía un gran cambio para un niño, pero estaba seguro de que les gustaría.

Estaba en lo cierto. A Vincenzo y a Natasha les encantó la casa y estaban perfectamente felices, incluso emocionados con la mudanza. Pero Chelsea odiaba la casa, aunque yo no tenía ni idea del porqué. Ni siquiera intentó darme un motivo racional, era como si estuviera montando una escena por puro despecho.

—De ninguna maldita manera vas a conseguir que me mude al medio del desierto. ¡Odio esta casa! ¿Por qué nos fuimos de Nueva York? —Hizo de todo menos patalear.

—Bueno, tendrá que ser así una temporada —dije—. Por aquí los precios son altos, a no ser que quieras alquilar otra cosa.

Ella se mantuvo en sus trece, diciendo:

—No me gusta la casa. No hay nada que me guste.

Los niños estaban correteando por el jardín cuando tuvimos esa discusión en la cocina. Yo estaba sentado en el piso con la espalda contra la pared.

Sin previo aviso, le dio un ataque de ira. Se había puesto botas de *cowboy* y, antes de que pudiera reaccionar, me dio una patada en las pelotas tan fuerte que a día de hoy todavía me duele la lesión. Esa mujer se estaba convirtiendo en una verdadera amenaza para mi vida. Si no acababa en la cárcel por su culpa, era muy posible que me viera en el hospital… o en la morgue.

Pasé la mayor parte de 2006 viviendo solo, porque Chelsea y los niños nunca se mudaron a Nevada. Resultó que aquello fue una suerte para ellos. Nada más pagar la entrada de la casa, esta empezó a verse sacudida por violentos terremotos. ¡Al parecer el epicentro estaba justo debajo mi nueva casa! Me vi obligado a salir de allí, pero logré recuperar el dinero del pago que había hecho. Más tarde supe que al final la tierra se había tragado la casa.

Poco después ese mismo año, tuve que volver a Indiana para ocuparme de unos asuntos con el consejo médico estatal. Así que decidí darle una sorpresa a Chelsea y visitarla sin decirle que iba a ir.

Estaba en mi oficina en Sparks, viendo los pacientes del día, cuando recibí una llamada telefónica.

—Hay un agente de policía que desea hablar con usted. —dijo mi secretaria— Dice que es urgente.

Entré en mi oficina, me senté y descolgué el teléfono.

—¿Dr. Panvini? —dijo el hombre al otro lado de la línea—. Soy el Sargento Ernest Smith del Departamento del Sheriff del Condado de Bartholomew, en Indiana. Tenemos motivos para creer que su vida está en peligro.

Al principio pensé que era uno de mis amigos, que me estaba gastando una broma. Me reí y dije:

—De acuerdo, Doug, buen intento. Inténtalo con otra cosa.

Pero el hombre insistió.

—No señor, de verdad soy el Sargento Ernest Smith del Departamento del Sheriff del Condado de Bartholomew. Tenemos motivos para creer que su esposa planea asesinarlo.

—¿Me está tomando el pelo? ¿Quién es usted en realidad? —Aún no podía creer lo que estaba oyendo.

Lo repitió una tercera vez, y entonces empezó a sondearme un poco.

—Escuche, va a venir a Indiana dentro de poco, ¿cierto?

—¿Cómo lo sabe? —pregunté.

—Bien, caballero, su esposa sabe que va a venir. Le recomendamos encarecidamente que *no* vaya a su casa durante su visita, porque su esposa tiene planeado asesinarlo. Ha estado haciendo preguntas sobre las repercusiones que pudiera haber en caso de disparar accidentalmente a su marido si él entra en su casa sin avisarla previamente. Al parecer, ha preguntado a ciertas personas que conoce en el juzgado local sobre las repercusiones de un homicidio fortuito y si la acusarían en caso de que fuera un accidente.

Mientras escuchaba al sargento Smith, no podía creer lo que estaba oyendo y lo idiota que era mi mujer. Tengo la seguridad de que las respuestas que le dieron impidieron que intentara nada: las leyes llamadas de «defensa de la posición» y de autodefensa en caso de allanamiento de morada no eran tan comunes antes como lo son ahora. Pero eso es lo que me contó el agente. ¡Y al parecer había formulado esas preguntas a varias personas!

Me quedé asombrado, atónito, estupefacto. Habría estado en peligro mortal. ¿Qué podía hacer en un caso como este? No sabía qué decirle al agente, así que le di las gracias por comunicármelo y colgué.

Obviamente, mi plan para sorprender a mi esposa y mis hijos se fue al garete. Todavía tenía que ir a Indiana para ocuparme de unos asuntos con el consejo médico estatal, pero mantuve en secreto todos mis movimientos.

Sin embargo, mientras estaba en Indiana, recibí una llamada telefónica de mi hija Natasha, que entonces tenía catorce años.

—Papi, ¿por qué no vienes a casa? —me preguntó.

—Natasha, estoy en el trabajo —le dije. No quería contarle que estaba en Indiana. ¡Tuve que engañar a mi propia hija para protegerme de la demente de mi mujer! Le dije que tenía muchos pacientes y estaba muy ocupado.

Pero Natasha insistió:

—No, estás en Indianápolis.

—¿Quién te lo ha dicho, Natasha? —La respuesta era obvia, por supuesto. Chelsea le había dicho dónde estaba. Tenía todo el asunto planeado. Si el sheriff del condado de Bartholomew no me hubiera llamado, ahora mismo no estarías leyendo esto.

—Dile a tu madre que se ponga al teléfono —le dije a mi hija. Cuando Chelsea se puso, le espeté—: ¿Qué les estás diciendo a nuestros hijos?

—Les he dicho que estás en Indiana —replicó Chelsea.

—No, no estoy allí. —Le mentí porque no tenía otra elección. No quería que descubriese dónde estaba por miedo a que me diera caza y me matara de un disparo.

Había un arsenal de armas en la casa de Indiana, y la mayoría eran suyas. Su cuñado era vendedor de armas en Nebraska y Chelsea le había comprado unas cuantas cuando vivía en el Medio Oeste. Eran ilegales en Nueva York, así que las habíamos tenido almacenadas mientras vivimos allí. Pero, cuando nos mudamos a Indiana, obviamente encontró las cajas en las que estaban almacenadas.

Nunca más regresé a la casa de Indiana y al poco tiempo Chelsea puso la demanda de divorcio. Pero primero me vació las cuentas del banco, por supuesto, y pagó a su abogada, Veronica Fischer, 50.000 dólares con mi tarjeta de crédito.

Más adelante, cuando los intentos de Chelsea por destruir mi vida se descontrolaron, mi padre trató de interceder. Le ofreció un acuerdo económico con un pago único de un millón de dólares solo para conseguir que desapareciera de nuestras vidas. Chelsea lo rechazó. Para entonces, ya solo se trataba de odio y venganza por todas las cosas que ella, en su locura, creía que yo le había hecho.

Incluso hoy en día sigue persiguiéndome. Mientras escribo estas palabras, he recibido un aviso del Medio Oeste, donde Chelsea reside actualmente. Se las ha arreglado para reabrir un caso que pensé que se había cerrado definitivamente mientras yo estaba en coma en Florida. Al parecer, mi anterior abogado no presentó correctamente los papeles que habrían reducido mis pagos por la manutención de los hijos durante el tiempo que viví en Italia y no trabajé.

En esa época los pagos por manutención de los hijos fueron directamente a ella, en lugar de pasar por el sistema de manutención de los hijos. Tenía una orden judicial requiriéndome que me pusiera en contacto con ellos en un número de teléfono en concreto, pero el sistema no funcionaba y no tuve otra opción que enviar los cheques directamente a Chelsea.

¡Ahora afirmaba falsamente que esos cheques no eran los pagos por la manutención de los hijos, sino regalos personales! ¡Como si yo fuera a darle a esa mujer del demonio un solo centavo por voluntad propia! Mientras estuve inconsciente al borde de la muerte, Chelsea logró convencer a un juez de que le debía más de 67.000 dólares en pagos atrasados por manutención de los hijos. Si no pago, las consecuencias podrían ser graves. El documento dice lo siguiente:

> Los registros de pagos por manutención de los hijos indican que adeuda usted la cantidad de 67.000 dólares en concepto de pagos por manutención de hijos según mandato judicial. En compensación administrativa, se le interceptarán los pagos federales que le sean abonados, ya sea parcial o totalmente, para pagar la manutención de hijos que adeuda. En virtud de las leyes estatales y federales, podrán ser interceptados los reembolsos de impuestos estatales o federales a los que tenga derecho y, si se interceptaran, se utilizarán para satisfacer su deuda.
>
> Su deuda continuará siendo objeto de compensación mediante los impuestos federales reembolsados, compensación administrativa, certificación de pasaporte y/o compensación en impuestos estatales sobre la renta hasta que se haya liquidado completamente. El secretario de estado de Estados Unidos le negará la emisión del pasaporte y revocará, restringirá o limitará el

pasaporte que ya se haya emitido. Asimismo, se informará a las agencias de informes crediticios del consumidor del monto total de su deuda atrasada.

Además, será inscrito en las agencias federales autorizadas e instituciones de crédito que ofrecen préstamos federales, garantías de crédito y seguros de crédito. Como parte de su proceso de revisión de solicitud de crédito, las agencias federales tienen la obligación de denegar préstamos o garantáis de préstamo a individuos que deben pagos por manutención. Adicionalmente, se informará de los hechos a todas las agencias estatales o federales concesionarias de licencias para restringir todas sus licencias, incluida la licencia de conducción.

Así que mi pasaporte, mi licencia médica y mi licencia de conducción serían revocadas, y mis cuentas bancarias congeladas o embargadas. Chelsea habría podido destruirme de una vez por todas, tal y como había deseado hacer desde la Nochebuena de 2006. Afortunadamente, el asunto ya se ha resuelto. Pero, como pueden ver, ella continúa su venganza implacable, incluso después de doce años.

CAPÍTULO QUINCE

Lamento en Nevada

Mi esposa había presentado la demanda de divorcio, me había robado dinero y había alejado a mis hijos, envenenándolos contra mí. Me llevó más de una década reconstruir mi relación con mi hija Natasha, y mi relación con mi hijo Vincenzo nunca ha vuelto a ser la misma. En 2007 estaba literalmente solo en medio del desierto, viviendo en Nevada sin nadie que me ayudara a superar esos traumas o a mantener mi vida a flote.

Por suerte, mi vida profesional iba bien. Trabajaba en Sparks con una lista completa de pacientes cuyo cuidado recaía enteramente en mis manos. Daba lo mejor de mí mismo con cada paciente que pasaba por mi quirófano y logré grandes resultados. Independientemente de lo que estaba ocurriendo en mi vida, al menos nadie podía decir que no era un médico de talento y muy trabajador que atendía exquisitamente a las personas que buscaban mi ayuda. Eso era algo que nadie podía quitarme.

O eso creía.

Un día, estaba de guardia en el hospital con el horario repleto de pacientes para el día. Entonces, la jefa de enfermeras me notificó que debía acudir a Administración tan pronto como terminara con el caso que estaba operando en el quirófano. No tenía ni idea de lo que podía estar pasando. Todo había ido bien y no había oído que ningún paciente insatisfecho hubiera presentado ninguna reclamación por mala praxis ni nada parecido.

Tal y como se me había indicado, subí a las oficinas administrativas, donde me conmocionó lo que encontré. Todos tenían una mirada sombría en el rostro, y algunas personas evitaban el contacto visual conmigo.

—¿Qué sucede? ¿Quién ha muerto? —pregunté, intentando relajar el ambiente.

Nadie rio y sus expresiones sombrías no cambiaron.

—Dr. Panvini, debe devolvernos su tarjeta identificativa— me dijo un administrador del hospital—. Ha sido suspendido con efecto inmediato y se le prohíbe entrar en el hospital o atender a nuestros pacientes.

No podía creer lo que estaba oyendo. ¡No había habido una sola queja sobre mi trabajo! Me dejé llevar por el enfado y estallé.

—¿Qué mierda está pasando aquí?

—Tenemos motivos para creer que es usted drogadicto —dijo el administrador.

Ahora sí que estaba furioso de verdad.

—¿Quién demonios ha dicho eso? —exigí saber. Pero unos instantes después, lo tuve claro—. Esperen un momento. Esto viene de mi exesposa, ¿verdad?

Era imposible que hubiera partido de otra persona que no fuera Chelsea. Ella sabía que, desde el asunto de la marihuana, existía la posibilidad de que la gente creyera esa clase de acusación estrambótica y falsa sobre mí. Era el arma perfecta en su intento por destruirme.

El administrador intentó negar que Chelsea era la fuente de la acusación falsa.

—Legalmente no podemos revelar la fuente —dijo—. Es el protocolo del hospital.

Tengo la completa seguridad de que Chelsea sabía que su identidad se mantendría en secreto, probablemente porque se lo había dicho Veronica Fischer. Aun así, el lenguaje corporal de las personas que estaban en esa oficina los delató. En el momento que pronuncié su nombre, las pupilas de los administradores se dilataron y su postura cambió. Era imposible que hubiera sido otra persona.

Tuve que devolver mi identificación y dejar el edificio inmediatamente, abandonando a su suerte a los pacientes que habían venido a verme. Al igual que en Indiana, me vi obligado a someterme a análisis exhaustivos de detección de drogas. Me realizaron un análisis de orina, de sangre y de cabello, y los resultados tardaron dos semanas en llegar. Durante ese tiempo, no tuve más remedio que quedarme sentado a esperar en casa, sin ganar dinero y sin ayudar a mis pacientes, esperando que se probara mi inocencia de las acusaciones falsas y francamente difamatorias de Chelsea.

Finalmente llegaron los resultados de los análisis y eran negativos, por supuesto. Regresé al hospital enfurecido por la forma en que me habían tratado todos allí. Exigí una disculpa formal, pero, a fin de cuentas, estaba demasiado enfadado para seguir trabajando para esa gente. ¡Un hospital perteneciente a la Corporación de Hospitales de América, nada menos!

—Miren, será mejor que busquen un nuevo urólogo, porque no tengo intención de volver a pasar por nada parecido a esto —les dije a los administradores—. Tengo una exesposa que es una psicópata y hará cualquier cosa por destruirme, y ustedes le han hecho el juego. Deben saber que lo que han hecho es horrible.

Lo peor fue que la historia se extendió más allá del hospital. Una vez más, mi nombre se veía arruinado en una ciudad donde tenía pocos amigos o conocidos. Una o varias personas del hospital tenían la lengua muy suelta y, de repente, parecía que todos los habitantes de Sparks sabían que el nuevo urólogo había sido acusado de drogadicción.

Chelsea empleó esta misma táctica una y otra vez. De alguna forma, sus acusaciones falsas se convirtieron en protagonistas de los cotilleos de la ciudad, daba igual donde fuera. Me perseguía como una nube negra, derramando su odio sobre mí con la ayuda de sus abogados y el sistema judicial, que siempre manipulaba a su favor.

Como si mis problemas profesionales no fueran suficiente, antes de poder abandonar Nevada me vi golpeado por una emergencia médica. Un día, mientras desmantelaba mi consultorio en Sparks, estaba trasladando a un paciente de la mesa de operaciones a una camilla. Sin previo aviso, perdí toda la sensibilidad en las piernas y me derrumbé. Caí al suelo, paralizado físicamente y aterrorizado.

Me llevaron rápidamente a otro hospital que tenía un neurocirujano en plantilla. Paralizado de cintura para abajo, mi diagnóstico fue Síndrome de Cola de Caballo con Estenosis del Canal Medular. Para recuperar el uso de las piernas, tuve que someterme a una reconstrucción completa del canal medular con tornillos, vástagos y cestas.

La recuperación se prolongó seis meses. Cuando por fin me recuperé, me dije a mí mismo: «*Aquí hay algo que está mal. Nevada no es para mí*». Entre los terremotos, los incendios, las inundaciones, los cargos por drogas y la parálisis... Bueno, era el momento de cambiar. Despedí al personal, cerré el consultorio y busqué un lugar en Las Vegas para almacenar mi material médico mientras decidía cuál sería mi siguiente paso.

CAPÍTULO DIECISÉIS
El divorcio

Fue difícil volver a trabajar en el hospital del condado de Washoe, Nevada. Había sido objeto de un ataque malvado y humillante hacia mi reputación personal y profesional cuando mi exesposa me acusó de ser drogadicto. El comité ejecutivo médico y la administración del hospital me habían tratado como a un criminal y había sido escoltado fuera de las instalaciones por los vigilantes de seguridad. Hicieron que otro médico tratara a mis pacientes para que no hubiera problemas, pero ¿cómo podía saber yo que los trataría tan bien como yo los habría tratado? ¡La campaña infundada que habían lanzado contra mí había puesto en riesgo a mis pacientes!

Naturalmente, quedó probado que era inocente. A lo largo de toda nuestra vida juntos (y supuse que también cuando nos divorciamos y vivimos separados) Chelsea había estado muy implicada en asuntos de drogas. Por el contrario, yo apenas bebía alcohol, como mucho una copa de vino con la cena.

Como médico, soy plenamente consciente de los efectos de las drogas en el cuerpo, y particularmente del daño que con el tiempo pueden causar en órganos vitales. El hígado y los riñones sufren una verdadera paliza con el abuso de drogas. En muchos casos, simplemente pierden la capacidad de filtrar las toxinas para que puedan ser expulsadas del organismo al mismo ritmo que esas personas las introducen en su cuerpo. Así que siempre me he mantenido alejado de las drogas. Pero el hospital que me había empleado y que había creído que me apoyaría, me dio la espalda solo con la palabra de una drogadicta paranoica, hostil y vengativa, ¡y ni siquiera se dignaron a admitirlo!

Cuando la verdad salió a la luz, me permitieron regresar a mi trabajo, actuando como si me estuvieran haciendo un favor en lugar de estar encubriendo su error. Pero el daño ya estaba hecho. Entre otras cosas, no estaba en posición de asumir un golpe financiero como ese. Chelsea me había dejado sin un centavo después del divorcio, así que no tener empleo, aunque fuera por unas pocas semanas, era muy duro.

Sin embargo, el problema real era el daño que había sufrido mi reputación. Una vez empieza a circular una historia como esa, especialmente en una ciudad pequeña, no hay marcha atrás. Y estamos hablando de una ciudad con una población solo ligeramente superior a los noventa mil habitantes. Había corrido la voz de que yo era drogadicto, así que, cuando regresé al trabajo, habría dado igual si me hubiera presentado con una aguja colgando del brazo.

Haber probado mi inocencia con los análisis de sangre, orina y cabello casi no tuvo ningún efecto en cómo se me percibía si se comparaba con el efecto de la acusación inicial. Y, naturalmente, el hospital no quería que hablase del caso y tratara de recuperar mi buen nombre. Tan solo querían que volviera al trabajo y ofreciera los cuidados médicos de gran calidad por los cuales me habían contratado.

Como reza el viejo dicho, «una mentira puede dar media vuelta al mundo en el mismo tiempo que tarda la verdad en ponerse los zapatos». En la mayoría de los casos, solo es necesaria una acusación para que el daño ya esté hecho. Hay una historia famosa sobre un político que permitió que uno de sus escritores de discursos incluyera una acusación repugnante contra uno de sus oponentes. Cuando se le dijo que la acusación era obviamente mentira, el político replicó que lo sabía, pero quería obligar a su oponente a negarlo.

Esa ha sido una de las principales tácticas de Chelsea desde que presentó la demanda de divorcio. Sin tener ni la más mínima prueba, me ha acusado repetidamente de toda una serie de cosas terribles. Incluso cuando los jueces lo desestiman, ella vuelve con otra versión de la misma historia o un cargo nuevo al que tengo que dedicar tiempo y dinero para refutarlo. Además, las multas que intenta obtener de mí serían exageradas aunque sus acusaciones fueran ciertas.

Y lo que es incluso más extraño es la forma en que es capaz de manipular el sistema. Mientras trabajábamos en el acuerdo de divorcio, contraté a contables forenses para que analizaran cada centavo de nuestras finanzas. Tenía cantidades ingentes de testimonios que describían exactamente de dónde venía el dinero y a dónde iba. Su abogada Veronica Fischer vino a la reunión con unos números escritos en una servilleta. Y el juez aceptó su versión de nuestras finanzas y le dio a Chelsea todo lo que había pedido.

Chelsea salió de nuestro matrimonio con millones de dólares, dejándome las cuentas bancarias vacías y obligándome a pagar sus costos procesales y a comprarle una casa nueva, además de reclamarme dinero para la manutención de los hijos. No había absolutamente nada justo o imparcial en el acuerdo. Alguien debía haber influido en el juez de alguna forma, financieramente o de cualquier otro modo. Me resulta imposible llegar a ninguna otra explicación.

El nuestro no fue el típico divorcio. En su demanda de divorcio original, presentada por Veronica Fischer, Chelsea alegaba que yo había intentado asesinarla. Se me indicó que iba a necesitar un abogado criminalista, así que contraté uno, pero al final resultó innecesario. Chelsea retiró esas acusaciones después de que mi abogado lo pusiera en tela de juicio, ya que estaba infringiendo la Norma de Enjuiciamiento 11. Cuando un abogado lleva a juicio determinadas acusaciones, debe tener pruebas irrefutables que sostengan dichas acusaciones. Obviamente no tenían ninguna prueba porque el intento de asesinato no había sucedido. Yo nunca había necesitado un abogado criminalista, pero Chelsea estaba decidida a convertir el divorcio en un circo de tres pistas por todos los medios posibles.

Las historias que cuenta una mentirosa patológica normalmente están relacionadas con algo retorcido que esa persona ha hecho. En este caso, Chelsea me estaba acusando de intento de asesinato a la vez que intentaba matarme, tal y como me había advertido el Departamento del Sheriff del Condado de Bartholomew.

A pesar de todas sus carencias educativas e intelectuales, Chelsea era extremadamente taimada y una mentirosa muy habilidosa. Había nacido y se había criado en la religión católica, al igual que yo, pero en Indiana empezó a asistir a los servicios de una iglesia protestante. La mayoría de las personas de la ciudad eran miembros de esa denominación y Chelsea usó la iglesia para su beneficio personal de una forma increíblemente manipuladora.

Durante el juicio de divorcio, mientras estaba testificando ante el juez bajo juramento, se inventó una historia para ganarse su simpatía. Se había llevado a los miembros de la iglesia protestante al juzgado con la intención de utilizarlos como testigos durante la vista oral por el divorcio. Llenaron toda la sala del juzgado, así como el pasillo exterior. Cuando lo vi, me pregunté qué truco se guardaría bajo la manga.

Chelsea testificó que yo amenazaba su vida cada vez que no me salía con la mía, lo cual era absurdo: nunca en mi vida he intentado hacer daño a nadie. ¡Con sus amigos de la iglesia delante, testificó que yo había amenazado con dispararla! Sostenía un pequeño bolso con correa que contenía una bala envuelta en un pedazo de tela roja. Sacó la bala cuidadosamente, la presionó contra su frente y testificó bajo juramento que su vida había estado en peligro. Según ella, yo había sostenido esa bala contra su frente y le había dicho: «Si no haces lo que quiero que hagas, te dispararé».

Por desgracia para Chelsea, en aquella época no era muy buena mentirosa y sus amigos de la iglesia se dieron cuenta de lo que estaba haciendo. Uno por uno, se pusieron en pie y salieron del juzgado. Estaba claro que se sintieron decepcionados al oír a Chelsea mentir bajo juramento, y ninguno de sus supuestos testigos estaba dispuesto a testificar. Incluso el juez la miraba con incredulidad, así que mi abogado y yo vimos que sabía que estaba mintiendo. Parecía una idiota. Le pedí a mi abogado, el Sr. Young, que presentara una demanda por perjurio, pero él no creyó que fuera necesario.

Chelsea también había traído como testigo a una de sus hermanas, Tanya Vaughn. Tanya comenzó su testimonio con afirmaciones sin sentido, aseverando que Chelsea le había dicho que yo era un hombre malvado y que la amenazaba. No había mucha sustancia en nada de aquello, y mi abogado lo desbarató al interrogarla.

—¿La trató mal de alguna forma el Dr. Panvini?

—Nunca —respondió.

—¿El Dr. Panvini alguna vez trató de forma negativa a sus hijos, a su esposo o a usted?

—No, nunca —respondió de nuevo.

—¿El Dr. Panvini alguna vez trató de forma negativa a su hijo Bruno?

En ese momento, Tanya se derrumbó y se echó a llorar. Cuando Bruno era pequeño, su médico de familia había tratado un bulto en su frente prescribiendo que le aplicaran paquetes de hielo. Yo estaba terminando mi residencia en Urología y Tanya me pidió una segunda opinión.

Cuando examiné a Bruno, encontré el bulto en su frente, encima del puente de la nariz, pero no me pareció que se debiera a un traumatismo.

—Esto no tiene buen aspecto —le dije a su madre—. Me gustaría que le hicieran un TAC y unas radiografías a Bruno. —Los resultados mostraron un tumor que era potencialmente maligno, así que les dije a Bruno y Tanya que debían consultar a un otorrinolaringólogo tan pronto como pudieran. Entonces les concerté una cita con un médico de reputación, y este declaró que el tumor debía considerarse maligno hasta que se probara lo contrario, y recomendó la cirugía.

Cuando operaron a Bruno, tomaron biopsias y realizaron el largo y tedioso proceso de diseccionar el tumor que aparentemente le estaba creciendo en el seno frontal. La operación se prolongó casi todo el día y le extirparon casi todo el tumor. El análisis patológico reveló un rabdomiosarcoma maligno del seno frontal, que está a la altura de la frente e invadía áreas próximas al cerebro pero sin penetrar en la duramadre, que es básicamente una cápsula que rodea el cerebro y la médula espinal.

El cirujano les dijo a Tanya y a Bruno que no habían podido eliminar todo el cáncer. Además, era un tipo de cáncer que crece de forma local y tiende a extenderse hacia los tejidos circundantes, aunque parecía que no se había extendido a otros órganos. Así que Bruno tenía un cáncer maligno confinado del cual aún quedaban restos de tejido y necesitaba tratamiento adicional. Se recomendó iniciar quimioterapia y radioterapia, y posiblemente se necesitaría más cirugía.

Ese pobre niño, de tan solo dieciséis años, tuvo que someterse a una docena de operaciones aproximadamente, además de la quimio y la radiación. Al final tuvieron que extirparle el seno frontal, el ojo izquierdo y parte del hueso de la mandíbula, dejándolo permanentemente desfigurado. Se le fabricó una máscara de silicona llamada sobremoldeo para darle la apariencia de un rostro normal, pero seguía pareciendo el fantasma de la ópera.

Fui el asesor médico de la familia durante todo el proceso, ofreciendo consejo y ayudándolos a tomar las decisiones adecuadas. Trágicamente, diez años más tarde el tumor regresó e invadió el cerebro de Bruno. Me llamó para decirme que ya había sufrido suficiente con la cirugía y los tratamientos, y me preguntó qué podía hacer.

—Bruno, tú eres el paciente —le dije—. Tú eres la persona que está sufriendo este terrible calvario. ¿Qué quieres hacer *tú*?

—De verdad que ya no lo soporto más —respondió—, y me han dicho que voy a morir.

—Bruno, Dios te puso en mi vida y a mí en la tuya para extenderla estos valiosos diez últimos años —dije—. Ya sé que la vida no ha sido muy divertida con tantas operaciones y la quimioterapia. Pero eres *tú* quien tiene que tomar esta última decisión, no yo.

—De verdad que ya no quiero más tratamientos —dijo Bruno.

—Entonces parece que ya has tomado tu decisión final. Comprendes que morirás sin el tratamiento, ¿verdad? —pregunté.

Bruno confirmó que lo entendía, pero que ya no podía aguantar más.

—No quiero más tratamientos. Prefiero morir. —No duró más de un mes después de tomar esa decisión.

Así que, mientras estaba en el estrado para testificar a favor de Chelsea, Tanya Vaughn rompió a llorar y dijo:

—El Dr. Panvini es un ser humano fantástico. Salvó la vida de mi hijo y nos dio diez años más juntos. No tengo nada negativo que decir del Dr. Panvini. Es un hombre maravilloso y un médico maravilloso que nunca ha tratado a nadie de forma desconsiderada.

Chelsea y su abogada agacharon la cabeza de la vergüenza mientras mi abogado terminaba su interrogatorio y decía:

—Nada que añadir, Señoría.

Lo que Chelsea había intentado hacer con el testimonio de Tanya había sido totalmente fraudulento y se había vuelto contra ella cuando Tanya comenzó a llorar. Esa es solo una muestra de lo malvada que era Chelsea, que intentó obligar a su hermana a cometer perjurio por ella.

Entonces le pregunté al Sr. Young, mi abogado, si el Sargento Ernest Smith estaría disponible para testificar sobre los planes de Chelsea de asesinarme. Respondió que necesitaría otro día para concertar el testimonio, el costo sería prohibitivo y realmente no pensaba que fuera necesario. Su respuesta me decepcionó, especialmente porque Smith ya había aceptado estar a la espera para testificar. A día de hoy, creo que, si lo hubiera llamado, el resultado del caso habría sido diferente. ¡Vaya con los abogados de Indiana!

Más o menos en aquella época (2007), algo realmente extraño y aterrador cambió mi percepción del divorcio y sus consecuencias posteriores. Un día regresé a casa del trabajo e intenté encender la computadora de mi casa, pero no obtuve respuesta. No se encendió ninguna luz y el ventilador estaba en silencio, así que me arrastré bajo el escritorio para echar un vistazo. ¿Se habría desenchufado de alguna forma? No, estaba enchufado. Volví a pulsar el botón de encendido, pero seguía sin haber respuesta. Finalmente, decidí abrir la computadora y mirar en su interior. Tal vez hubiera algún daño visible que pudiera mostrar al técnico, así que desatornillé la carcasa y la separé.

Para mi sorpresa, la torre estaba vacía. No había nada más que un espacio vacío y cables colgando donde debería haber estado el disco duro. No podía creer lo que estaba viendo. ¿Cómo era posible? Estaba claro que alguien había entrado en mi casa sabiendo que yo estaría en el hospital, y había extraído el disco duro de mi computadora.

Inmediatamente sospeché que alguien relacionado con Chelsea o con sus abogados estaba detrás de todo aquello. Obviamente intentaban obtener información sobre mi vida que pudieran usar para crear otra acusación falsa y espuria contra mí en su campaña sin fin para arruinar mi vida.

Llamé a la policía y, cuando llegaron, les mostré el interior de mi computadora. Estaban tan sorprendidos como yo, especialmente porque no habían visto ninguna prueba del allanamiento. No había ventanas rotas y no parecía que hubieran forzado ninguna cerradura. Quien fuera que había entrado en mi casa y se había llevado mi disco duro, debía haber sido un profesional experimentado, porque no se encontró ninguna huella.

El hermano de Chelsea, John Gardner, era agente de policía en el área de Las Vegas en aquella época, pero los policías nunca van contra otro policía. A eso se le llama el «Código azul». Cuando la policía me tomó declaración e inspeccionó la escena del delito, no encontraron forma de rastrear a la persona que lo había hecho o cómo lo había hecho. Así que me dijeron que había poco que pudieran hacer para resolver el caso, y al final no hicieron absolutamente nada.

¡Más tarde, durante la fase de descubrimiento del procedimiento de divorcio, Veronica Fischer enseñó una fotografía que procedía de mi disco duro! Obviamente, Veronica y Chelsea habían orquestado el robo. Mi abogado me mostró las fotos y algunos de los archivos que había en el disco, pero no les preguntó cómo habían conseguido la información.

—¿Por qué no sacas el tema en el juicio? —le pregunté—. Esto es allanamiento de morada con robo.

—Esto es un juicio por divorcio, no un procedimiento penal —se limitó a decir.

Después de ese incidente, empecé a sentirme verdaderamente en peligro, incluso más que cuando supe por boca del sheriff de Indiana que Chelsea tenía intención de asesinarme y alegar defensa propia. Estaba convencido de que me vigilaban y sospechaba que estaban grabando mi comportamiento y actividades para usarlos como pruebas contra mí en alguna futura acción legal. Era imposible saber en quién podía confiar. Cualquier persona de mi vida personal o laboral podía estar a sueldo de Chelsea, sus abogados o sus hermanos. Cualquier error que cometiera podía ser usado contra mí al minuto siguiente. Estaba viviendo en una pesadilla.

CAPÍTULO DIECISIETE

Parálisis

La parálisis repentina que me dejó tirado en el piso después de colocar a un paciente en una camilla fue una de las experiencias más aterradoras de mi vida. No había sentido ninguna señal de advertencia que hubiera indicado que estaba a punto de verme golpeado por el Síndrome de Cola de Caballo con Estenosis del Canal Medular. No había tenido problemas de espalda ni había sentido hormigueo en las piernas, y tampoco había experimentado dificultades para caminar o permanecer de pie. Parecía literalmente salido de la nada, y aún hoy no tengo una explicación real del porqué ocurrió.

Afortunadamente, me llevaron a toda prisa a un renombrado hospital de Reno, Nevada, donde tenían un neurocirujano excelente que se había formado en Inglaterra. Hizo un trabajo fantástico en mi caso. Tuvo que reconstruir una porción bastante grande de mi columna, desde la región lumbar (la parte baja de la espalda) hasta el sacro, la llamada *rabadilla*. El procedimiento quirúrgico requirió la inserción de tornillos, vástagos de plástico y cestas dispuestas alrededor de las vértebras dañadas para colocar de nuevo en posición un área grande de mi espalda, pero algunos descubrimientos interesantes durante la operación generaron dificultades adicionales.

Más tarde, el cirujano me contó que, cuando me colocaron los tornillos en la columna, había sido como ponerlos en una esponja. Tenía osteoporosis severa y eso le había creado más problemas de los previstos. Al parecer, debido a mi trabajo de cirujano, pasaba muchas horas en quirófano y no me había expuesto a suficiente luz ultravioleta, necesaria para la conversión de la vitamina D3 a través de la piel. La vitamina D3 permite la absorción del calcio en los huesos, y esa deficiencia era la causa de mi osteoporosis. Supongo que se trata de un peligro laboral para los cirujanos.

Esta afección provocó que la operación se prolongara más de lo habitual y causó muchas dificultades al equipo de cirujanos a la hora de colocar los tornillos y las placas, además de los otros elementos. Todo esto lo supe después de la operación, cuando empezaron a administrarme medicación para la osteoporosis.

Se encontraron también con otras complicaciones. Con carácter preventivo, había estado tomando aspirina todos los días, lo que provocó que sangrara profusamente durante la intervención. La pérdida de sangre fue tan grave que durante el periodo postoperatorio quisieron hacerme una transfusión, pero me negué.

—Dr. Panvini, usted es médico —dijo el cirujano, sorprendido—. Sabe que no es una buena idea.

—Sin transfusiones —insistí—. Si Dios desea llevarme con él, me llevará. —Estaba tan conmocionado por lo repentino de todo el incidente y todo lo que siguió a continuación que me sentía extremadamente fatalista. Al mismo tiempo, tenía una fe enorme en que las cosas seguirían el curso para el que estaban destinadas. En realidad, la decisión no estaba en mis manos, sino que dependía de Dios.

Me crie en el seno de la Iglesia Católica y conservo mi fe. Me ha sostenido en algunos de los periodos más oscuros de mi vida, y aquel era definitivamente uno de ellos. Era como otra ficha de dominó que se caía a continuación de la secuencia que comenzó allá por el 2002, cuando Chelsea, los niños y yo nos mudamos a Indiana desde Nueva York. La vida entonces me había parecido llena de esperanza y promesas, pero luego se derrumbó con los cargos por posesión de marihuana y los estallidos psicóticos, el comportamiento imposible y los amigos desagradables de Chelsea. Para cuando me fui y ella presentó la demanda de divorcio, las cosas ya estaban empeorando drásticamente, más y más a medida que Chelsea y sus abogados parecían decididos a perseguirme hasta el confín de la Tierra. Aun así, logré perseverar gracias a la fortaleza de mi fe junto a mi creencia en mi propia capacidad profesional y mi misión de ayudar a otras personas con mis habilidades quirúrgicas.

El cirujano cumplió mis deseos y no me administró la transfusión de sangre. En lugar de eso, me inyectó un medicamento llamado Hespan, que se utiliza para ayudar a que circulen los glóbulos rojos y se mantenga el flujo de oxígeno por todo el cuerpo. Esto evita que se produzca una afección conocida como hipovolemia (disminución del volumen de plasma sanguíneo) que puede producirse como consecuencia de una herida grave, una operación quirúrgica, pérdida grave de sangre, quemaduras u otros traumatismos. El Hespan funcionó y me recuperé bien de la operación.

Después de la operación de columna, tuve que someterme a varios meses de rehabilitación y fisioterapia, además del tratamiento continuado para la osteoporosis. Llevaba una escayola en el cuerpo que me mantenía el tronco inmovilizado y tenía que ejercitar las piernas y volver a aprender a caminar. Me llevó seis meses poder regresar a mi trabajo. Tenía que contar cada centavo y vivir casi del aire, lo cual hacía que mi vida diaria fuera casi insoportable. Pero tenía un trabajo a la vista que me pagarían bien, así que perseveré.

Fue una época difícil. Aunque el dolor era muy severo, incluso incapacitante en ocasiones, logré superarlo recordando otros momentos en los que había estado cerca de la muerte y había emergido más fuerte.

Recuerdo un viaje que hice a Playa Blanca, México, en 1975. Era una mañana preciosa y estaba sentado en la arena bañado por los rayos del sol. Una suave brisa me refrescaba y en la distancia vi a algunos lugareños en sus barcos de vela.

Decidí salir también a navegar, así que alquilé un pequeño barco, me puse el chaleco salvavidas y me adentré en el mar.

El viento era perfecto y me llevó a unas catorce millas de la costa. Cuando volví la mirada hacia la playa, la vista era absolutamente preciosa y había una villa magnífica sobre los acantilados rocosos que se elevaban por encima del agua. El mar era verde en las proximidades de la costa y azul oscuro donde la profundidad era mayor. La suave brisa me impulsó a relajarme y broncearme, así que me quité el chaleco salvavidas y me tumbé sobre la cubierta, sosteniendo el cabo de la vela en la mano derecha y usando el chaleco como almohada. Estaba en el paraíso, totalmente en paz con el océano bajo el sol. La ligera brisa y el sonido de fondo del agua me acunaron suavemente hasta que me dormí.

Mientras el sonido de las olas disipaba mi estrés, oí un chapuzón. Giré la cabeza y vi un grupo de delfines jugando en el océano a cierta distancia. Estaba en un estado casi de ensoñación, imaginándome que era un millonario en mi yate con un sirviente ofreciéndome una copa de champán mientras comía caviar sobre una galleta Ritz. ¿Era real o una simple ilusión? ¡Era fantástico!

De repente, una ola gigante cubrió mi barco y este comenzó a zozobrar. El agua lo inundó y me empapó, a la vez que la vela comenzaba a escorarse hacia un lado. Sentí la subida de adrenalina por el pánico. A mi izquierda vi una ballena gigante en la proa, pero no cualquier ballena. Era una enorme orca blanca y negra, ¡una ballena asesina! Intenté impedir que el barco zozobrase contrarrestando el balanceo y sujetando el cabo con ambas manos. Mientras luchaba por salvarme de morir ahogado, vi otra ballena asesina saltando fuera del agua a solo unas brazadas de mí.

¡Estaba más asustado que nunca en toda mi vida! Pensé que iba a acabar como carnada para ballenas. Ahí estaba yo, en medio del océano Pacífico, a unas cuantas millas de la costa, de pie sobre un pequeño velero que estaba a punto de volcar, con dos ballenas asesinas nadando en círculos a mi alrededor. Toda mi vida me pasó ante los ojos y pensé que no me había casado ni había tenido hijos. (¡Ay, si lo hubiera sabido!). Aún no había logrado mis objetivos en la vida, así que debía espabilar para salvarme. ¡Tenía que salir vivo de esa situación!

Después de una larga lucha, por fin pude hacerme con el control del barco y, de repente, ¡una tercera ballena saltó por encima de la proa! Puse rumbo a la costa, moviendo la vela de un lado al otro, intentando no zozobrar por las olas y permanecer a flote. Las ballenas continuaron siguiéndome y tenía el corazón acelerado, latiéndome a lo que me pareció mil pulsaciones por minuto. Estaba tan asustado que se me erizó el vello.

Seguí dirigiendo la vela hacia la costa, confiando en que la suave brisa mexicana se convirtiera en un viento de verdad. *«Más rápido, por favor. Más rápido»*, pensé. Estaba a quince millas de la costa y me pareció una eternidad. Me aterrorizaba no volver a ver a mi familia. Estaba chorreando, no solo por el agua del océano, sino también por el sudor que me brotaba de la cabeza y el cuerpo debido al miedo y el agotamiento.

Tenía las manos cansadas y sanguinolentas de sujetar la soga firmemente y tirar de ella con todas mis fuerzas, pero ni se me pasó por la cabeza que me estaba quemando las manos con la soga y el cuerpo con el sol. Solo quería regresar a la playa. Mientras me acercaba a las rocas de la costa, vi a la gente tumbada en la arena. ¡Lo había logrado!

Salté del barco, nadé hacia la costa y corrí por la playa. Cuando empecé a gritar que unas ballenas asesinas habían atacado mi barco, me detuvo un mexicano con una sonrisa en el rostro. Me dijo que se las llamaba ballenas asesinas porque matan a otras ballenas, no a humanos.

—¿Quiere decir que solo son asesinas de ballenas? ¾pregunté.

Me respondió asintiendo con una sonrisa.

—¡Pues casi me ahogo ahí fuera!

Entonces me explicó que probablemente habían estado jugando conmigo, como a veces hacen los delfines.

—¿No corría peligro de que me comieran vivo? ¾volví a preguntar.

—No, juegan con los barcos como si fueran juguetes, pero no hacen daño —respondió.

Me sentí como un idiota, y mi ignorancia había estado a punto de provocarme un ataque al corazón. Bueno, al menos seguía vivo. Agotado, me dejé caer sobre la arena, cerré los ojos y me reí hasta quedarme dormido.

Aunque todo había sido producto de mi propia ignorancia, esa experiencia logró que comprendiera que hay momentos en los que la única respuesta correcta es hacer todo lo posible por sobrevivir, reconociendo al mismo tiempo que, en última instancia, el destino de tu propia vida escapa a tu control. Y, mientras me recuperaba de mi lesión medular, regresé a ese estado mental. Me dije: *«No depende de mí. Haré todo lo posible para mejorar y, si Dios quiere que suceda, sucederá».* Tan solo debemos seguir el camino que Él ha trazado para nosotros.

CAPÍTULO DIECIOCHO
Rocky Mountain High

En la misma época en la que sufrí el accidente que me dejó paralizado, me sometí a una operación de columna vertebral y comencé la fisioterapia y la rehabilitación física, también intentaba reconstruir mi carrera. Me había marchado de Nevada después de que el hospital me tratara tan mal como resultado de las falsas acusaciones de drogadicción de mi exesposa. No podía confiar en que la administración de ese hospital me respaldara la próxima vez que surgiera algo, y con Chelsea suelta por ahí, casi estaba garantizado que habría una próxima vez. Su hostilidad y su sed de venganza no se había aplacado y, cada vez que sus intrigas fallaban, estaba más decidida a tramar otra. Chelsea es incansable, pero yo también.

Cuando me operé de la espalda, ya les había pedido a mis empleados que me ayudaran a cerrar mi consultorio. Se ocuparon de todo en mi ausencia, guardando en un trastero de Las Vegas todo lo que podría necesitar, desde equipamiento de oficina a archivos de pacientes y suministros quirúrgicos.

Lo dejé enteramente en sus manos y se comportaron maravillosamente, a pesar de haber perdido su empleo.

Mi personal estaba tan consternado como yo por las acciones del hospital. Por lo que sé, no quisieron tener nada más que ver con el Northern Medical Center, así que comenzaron de inmediato a buscar empleo en otros hospitales en la región de Reno, Nevada.

Después de la operación me mudé a Arizona. Harto de incendios, inundaciones, terremotos y la administración disfuncional del hospital en el norte de Nevada, quería vivir en un estado que no sufriera desastres naturales y trabajar en un hospital en el que pudiera confiar. No sabía dónde iba a vivir, no tenía trabajo ni ninguna perspectiva en el horizonte, y mi exesposa había hecho todo lo que estaba en su mano (excepto matarme) para que me resultara imposible ejercer la medicina en Nevada.

Afortunadamente, después de visitar varios hospitales del noreste de Arizona, encontré un puesto en el centro médico Canyon Meadows de Fort Mohave. Me uní a su equipo como urólogo y me proporcionaron un estipendio hasta que pudiera volver a ponerme en pie —en este caso literalmente— y pusiera en marcha mi consultorio. Abrí el consultorio justo al lado del hospital y empecé a organizarme y a contratar personal. Acabé perteneciendo al personal de Canyon Meadows y de otro hospital de la zona, el centro médico Bullhead City.

Las licencias médicas son un asunto complejo. Cuando te gradúas en la Escuela de Medicina, no obtienes la licencia automáticamente. Para que el consejo médico te certifique en el estado donde esperas ejercer, debes pasar un examen especial, deben verificar tus credenciales y examinan con minuciosidad tu pasado. Pero eso no es todo. Para conservar la licencia, debes mantenerte al día asistiendo a cursos de educación médica continuada (CME) cada año, y cursar un número mínimo de créditos. Eso es lo que estaba haciendo en Nueva Orleans justo antes del accidente con el que comencé toda esta historia: asistiendo a cursos para mantenerme informado sobre los avances en mi especialidad como diplomado por el Consejo Americano de Urología.

Además, cuando un médico se muda de un estado a otro, él o ella debe solicitar la licencia para el nuevo estado. No es como un abogado, que simplemente puede solicitar un trabajo sin que se le conceda la licencia en el estado para llevar un caso, como hizo Connor Truman, el abogado de Chelsea. La licencia médica no es automática y, francamente, creo que yo tendría motivos legítimos para estar preocupado si me hubieran despedido del hospital de Nevada.

Sin embargo, dado que me fui por propia voluntad, no tuve problemas en Arizona. Se me concedió reciprocidad: el consejo médico estatal reconoció que se me había concedido licencia en Nevada de forma adecuada y me otorgó la licencia para ejercer en Arizona. No tuve que hacer un examen, aunque sí tuve que pasar por todo el proceso de acreditación, el cual se prolongó varios meses. Creo que el hecho de que el centro médico Canyon Meadows necesitara desesperadamente un urólogo en esa época jugó a mi favor. Como institución respetada que era, facilitaron el proceso y consiguieron que el asunto se resolviera con toda la prontitud que fue posible.

Entre septiembre, cuando sufrí la parálisis, y febrero, cuando comencé a practicar la medicina en Canyon Meadows, alquilé una casa en una pequeña población del condado de Clark, en el extremo sur de Nevada. Aunque está justo al lado del río Colorado, es una ciudad del desierto y las temperaturas son extremadamente altas en verano, llegando en ocasiones hasta los 54 °C (130 °F). Incluso en invierno la temperatura se mantiene sobre los 20 °C (entre 60 y 70 °F), y casi nunca llueve. Hay nueve hoteles-casinos en la ciudad, y la gente viene todos los años a apostar, disfrutar con los deportes acuáticos en el río y asistir a distintos eventos.

Aunque aún me estaba sometiendo a rehabilitación y tenía una movilidad limitada debido al yeso que me cubría el torso, tenía que poner mis asuntos en orden. Mis antiguos empleados me habían proporcionado toda la información sobre el trastero alquilado para almacenar mis archivos y los equipos del consultorio. Así que todos los días, me ponía al volante de mi pequeño Toyota Camry híbrido y recorría ciento sesenta kilómetros desde Laughlin a Las Vegas, cargaba todo cuanto podía y me dirigía de vuelta a mi casa. Ya ves, estaba virtualmente sin un centavo en aquella época, así que ni siquiera podía permitirme una empresa de mudanzas. Tuve que hacerlo yo personalmente.

Por entonces conducía un pequeño híbrido Toyota Camry. Como dije, tenía un yeso que inmovilizaba una gran parte de mi cuerpo, pero seguí llevando mis cosas de una ciudad a otra todos los días. Poco a poco conseguí trasladar todo el contenido de mi vida profesional de Las Vegas a Laughlin. Estaba totalmente agotado, física y mentalmente, pero mi exesposa me había sacado todo el dinero, dejándome en un estado financiero tal que no podía permitirme el lujo de contratar una empresa de mudanzas hasta que empezara a recibir un salario del centro médico Canyon Meadows.

Un día el agotamiento casi me costó la vida. Hay un tramo de carretera entre Las Vegas y Laughlin que transcurre entre enormes montañas y acantilados. Durante ese viaje en particular, estaba tan cansado que apenas podía mantener los ojos abiertos, y empecé a quedarme dormido y a salirme de la carretera. Si el auto se hubiera salido hacia la derecha, habría caído por un acantilado de cientos de metros de altura y no habría sobrevivido al impacto de ninguna forma. Afortunadamente, me desvié hacia la izquierda, hacia donde normalmente habría habido una división o un guardarraíl. En lugar de eso, me deslicé directamente hacia una zanja y casi se me desprendió la parte baja del auto.

Los neumáticos, las ruedas y los ejes aún estaban en un estado relativamente decente, pero el chasis y el motor resultaron gravemente dañados. Estaba en lo más profundo de las montañas y no había cobertura para el celular. Me senté en el auto, pensando que había escapado a la muerte *de nuevo* y preguntándome cuál debía ser mi siguiente movimiento. Sin cobertura no podía llamar a la AAA o a la policía, pero si conseguía salir de la zanja y regresar a la carretera, tal vez lograse llegar a la civilización.

Tenía una cosa a mi favor: el Camry era un híbrido. El sistema del combustible parecía estar gravemente dañado, así que la parte del motor que funcionaba con gasolina no funcionaría, pero podía poner el auto en marcha solo con la batería y sacarlo de la zanja.

Preocupado por mi seguridad y la del vehículo, me vi obligado a viajar a no más de diez o quince kilómetros por hora sin abandonar el arcén de la carretera todo el camino a través de las montañas hasta llegar a mi destino. Con el auto funcionando únicamente con la batería y conduciendo con lentitud mientras aún temblaba de miedo después de la última experiencia cercana a la muerte, finalmente llegué a un lugar desde el cual pude realizar una llamada telefónica.

Cuando apagué el auto, estaba incluso en peores condiciones que inmediatamente después del accidente. Llamé a la AAA y me llevaron al concesionario Toyota más cercano.

Al llegar, el mecánico del concesionario me dijo:

—Está para el desguace. Aquí no hay nada que se pueda salvar.

—Tengo una exesposa que va a querer ver toda la documentación —le expliqué. Como parte del acuerdo de divorcio, Chelsea tenía derecho a uno de mis autos, y había elegido el Camry. Yo me había quedado con mi otro auto, un

Chrysler Sebring descapotable, con la intención de regalárselo a mi hijo.

El comercial de Toyota preparó un informe sobre el Camry y le pedí que lo certificara ante notario y me lo enviara. Así lo hizo, y yo se lo reenvié a Chelsea. Tal y como había esperado, se puso hecha una furia y sus abogados también enloquecieron.

—Miren, aquí tienen toda la historia —les dije—. Llámenlos si no me creen.

Hicieron exactamente eso y comprobaron que todo lo que les había contado era cierto. Supongo que pensaron que estaba mintiendo o que había destruido el auto a propósito.

Durante una temporada, me moví por la ciudad con el Sebring. Después de empezar en serio a trabajar en Canyon Meadows y volver a tener algo de dinero a mi nombre, compré otro Camry híbrido, porque el anterior me había salvado la vida. Desde aquel día siempre he tenido híbridos.

CAPÍTULO DIECINUEVE
Alienación parental

Cualquiera que haya pasado por un divorcio en el que haya niños implicados probablemente esté familiarizado con el término «alienación parental», y los que no lo estén deberían considerarse afortunados. Hay una historia profesional que documenta este fenómeno desde los años 80, aunque se describió por primera vez en 1976 como «alineación patológica».

La alienación parental tiene lugar en las familias que pasan por un divorcio cuando el padre o madre que ostenta la custodia, posiblemente con la ayuda de otros miembros de la familia, manipula a los niños para rechazar emocionalmente al padre que no tiene la custodia y para mostrar una gran variedad de emociones negativas hacia él, que pueden incluir miedo, hostilidad, ira, falta de respeto o desobediencia. A menudo esto conduce al distanciamiento entre un padre o madre y sus hijos.

Durante la agonía de un divorcio, se ha visto a padres y madres lanzarse todo tipo de terribles acusaciones, que llegan hasta el abuso de los menores y más. Naturalmente, los niños implicados en el proceso lo oyen todo. Los niños saben mucho más sobre los padres de lo que creemos. Cuando un padre habla mal del otro veinticuatro horas al día, siete días a la semana, al final los niños empiezan a creer lo que oyen.

Este es un caso muy común que puede dar como resultado un daño psicológico para el niño, y es extremadamente difícil de contrarrestar. Es poco habitual que un juez reconozca la alienación parental como argumento para cambiar el régimen de custodia de los niños de un padre al otro, por ejemplo, y cuanto más se prolongue, más profundo será el daño para la relación entre un padre y un hijo.

Desde el momento en que rompimos, y probablemente incluso desde antes, Chelsea hizo todo lo posible para volver a mis hijos contra mí. Tengo la certeza de que las terribles acusaciones que realizó contra mí les llegaron también a ellos, aunque no sentara a Natasha y a Vincenzo y se lo dijera directamente. Tengo también la certeza de que les habló mal de mí con regularidad mientras vivieron con ella y yo no podía responder o defenderme. Simplemente esa era la clase de mujer que era... y que sigue siendo.

Siempre intenté hacer todo lo que pude por mis hijos. De hecho, Vincenzo vivió conmigo casi un año entero en 2010, cuando yo vivía en Nevada y ejercía en Arizona. Él y yo siempre tuvimos una buena relación, a pesar de que no viniera a verme al hospital en Florida.

Ni siquiera cuando Chelsea estaba envenenando a Natasha contra mí quise pelear con las mismas armas. Yo creo (y los psicólogos infantiles están de acuerdo) que una alienación parental de la forma que la practicó mi exesposa es una forma de abuso y tiene efectos perniciosos a largo plazo en la mente y las emociones del niño. Natasha no solo creció sin padre, sino que creció con una imagen falsa de quién era su padre gracias a la campaña constante de su madre cargada de ira, negatividad y tortura psicológica. Doy las gracias porque Natasha fue capaz de escapar de esa situación y me alegro de que ahora estemos recomponiendo nuestra relación.

Natasha tenía unos catorce años cuando Chelsea y yo nos divorciamos, y los problemas empezaron casi inmediatamente. No tengo ni idea de lo que le dijo Chelsea, pero sé que debió derramar veneno en los oídos de mi hija desde el mismo día en que me marché. También sé que los problemas entre Chelsea y yo, incluido su plan para asesinarme, me impidieron mantener el contacto con mis hijos, y mucho menos presentarles mi versión de las cosas. Como consecuencia, mi hija no me volvió a hablar hasta hace unos años, después de una década separados. De hecho, acabó por ponerse del lado de Chelsea de una forma tal que se me negó la custodia y cualquier tipo de derecho de visita.

A lo largo de todo el caos que Chelsea y otras personas trajeron a mi vida (e incluso peor, durante todos mis problemas de salud y experiencias cercanas a la muerte) nunca supe nada de Natasha. Fue como si yo no existiera para ella. Sin embargo, y llevada por la desesperación, se puso en contacto conmigo recientemente como parte de su despertar espiritual, y hemos retomado nuestra relación. No le guardo rencor y, de hecho, siento compasión por ella. Pero las cosas tan terribles que dijo siguen grabadas en mi memoria y son muy difíciles de olvidar. Sé cuánto tuvo que soportar viviendo con su madre durante tantos años después de nuestro divorcio.

Cuando nos reconciliamos en 2016, Natasha tenía veinte años y se había ido de casa de Chelsea. A su madre le habían diagnosticado trastorno bipolar y esquizoafectivo, y Natasha ya no podía vivir con ella. Además, Chelsea había vuelto a tomar drogas ilegales. Fumaba marihuana (probablemente nunca dejó de hacerlo), y también tomaba cocaína y metanfetamina, todo ello delante de Natasha. Afortunadamente, mi hija se negó a dejarse arrastrar por la espiral de adicción de su madre, y tampoco quiso tener nada que ver con los drogadictos de baja estofa con los que salía Chelsea. Así que se fue de casa, metiéndose en dificultades financieras a consecuencia de ello. En ese momento no hizo ningún intento de ponerse en contacto conmigo, así que no pude ofrecerle ninguna ayuda.

Mi relación con mi hijo Vincenzo no se vio dañada por el divorcio. Tenía dieciocho años, seis más que Natasha, y se daba más cuenta de las cosas. Vincenzo era plenamente consciente de que su madre era una mentirosa patológica, y el resto de su conducta era obvia para él. También vio cómo me contestaba y cómo respondía ante cualquier crítica de cualquier persona, encolerizándose ante la más mínima provocación, así que siempre intentaba mantenerse lo más neutral posible y evitaba enfurecerla. Aun así, hubo conflictos entre Vincenzo y Chelsea.

Tanto mi hijo como mi exesposa tenían TDA/THDA, y Chelsea ridiculizó a Vincenzo hasta que este cayó en una depresión. Un día, oí como Chelsea le decía: «Tú, pedazo de mierda inútil, nunca ayudas en casa, tus calificaciones son horrorosas y no haces nada en tu tiempo libre, excepto provocar el caos en esta casa con tu hermana. ¿De qué sirves?». Abusaba psicológicamente de él de tal modo que se sumió en una depresión crónica, y me preocupaba que pudiera albergar ideas suicidas.

El asunto se volvió tan grave que envié a Vincenzo a la academia militar Culver en Indiana solo para separarlos. Aquello fue muy duro para mí, porque tenía que recorrer cientos de kilómetros los fines de semana para verlo desfilar. ¡Sin embargo, mereció la pena, porque vi a un joven orgulloso de sí mismo que eligió matricularse en la división naval/náutica de la academia! Vincenzo comenzó a prosperar y a madurar porque Chelsea no estaba allí para ridiculizarlo y conseguir que se sintiera como un pedazo de mierda.

Mis padres iban siempre que podían a visitarlo y verlo marchar en los desfiles. Me encantaba verles contemplar a su nieto con una sonrisa en el rostro. Estaba orgulloso de Vincenzo, y fue un acierto separarlo de esa bestia patológica de Chelsea. Recobró la confianza y volvió a desarrollar la autoestima.

Vincenzo tenía dieciocho años en la época del divorcio, ya muy cerca de la edad adulta, y había crecido teniéndome presente como modelo de hombre fuerte. La adolescencia, como todos sabemos, es una época frágil en la vida de un niño, una época en la que la influencia de ambos padres es crucial. Vincenzo obtuvo el beneficio de vivir en un hogar con dos padres durante sus años de adolescencia, pero Natasha no, lo que explica bastante bien la diferencia en mi relación con mi hijo y con mi hija.

CAPÍTULO VEINTE
Bernie el cuchillas

Recuperarse de una operación de cirugía puede ser un reto enorme. A medida que el cuerpo cicatriza, a menudo las personas sienten un gran dolor, uno de los motivos por los cuales el problema con los opioides es tan grave actualmente. A los pacientes se les recetan medicamentos que son demasiado potentes y adictivos, por lo que desarrollan dependencias que pueden prolongarse años y destruir totalmente sus vidas. Personalmente, a mí no me van bien las drogas de ningún tipo, así que evité tomar analgésicos después de mi operación de columna. Las primeras semanas después de la operación el dolor era casi insoportable, pero aguanté porque conocía bien el riesgo de adicción.

Normalmente, el peor dolor después de una fusión de columna se prolonga unas cuatro semanas y luego va decreciendo gradualmente, aunque algunas personas siguen con dolor hasta seis meses después. Es común que los médicos recomienden evitar levantar pesos pesados, doblarse demasiado o retorcer la espalda durante el periodo de recuperación, para que todo pueda cicatrizar adecuadamente. Esto es especialmente cierto cuando se prescribe el uso de órtesis o yeso en el cuerpo, como me había sucedido a mí.

Lamentablemente, yo tenía que trasladar todo el equipo de mi antiguo consultorio desde el local donde estaba almacenado a mi nuevo consultorio, y debía hacerlo despacio y con cuidado para evitar volver a dañarme la columna. También me estaba sometiendo a fisioterapia ambulatoria en el centro médico Canyon Meadows para ayudarme a reaprender a caminar y recuperar la fuerza en las piernas. Aunque me habían llevado inmediatamente al quirófano cuando sufrí la lesión en la columna, el daño en los nervios había sido importante. Cuando te estás recuperando de una operación del canal medular, especialmente cuando también padeces osteoporosis, debes repensar movimientos que siempre habías dado por hecho, como sentarte, ponerte en pie, caminar, tumbarte, levantar peso, tirar o empujar. Debes moverte con más cuidado y pensar en lo que vas a hacer antes de hacerlo. De alguna forma es parecido al *tai chi* o al yoga, en el sentido que te obliga a ser consciente de tus movimientos y de la forma en que tu cuerpo ocupa el espacio en el universo físico.

Muchos de nosotros no pensamos en nuestros cuerpos hasta que tenemos un problema. Pasamos por la vida haciendo cosas sin demasiado esfuerzo y nuestras extremidades se limitan a responder a nuestras órdenes. Pero, a causa de los accidentes que he sufrido y todo el tiempo que estuve recuperándome de la lesión en la columna vertebral y las lesiones que he descrito al principio de este libro, soy extremadamente consciente de la fragilidad y vulnerabilidad de mi cuerpo. Creo que esto, a su vez, me convierte en mejor médico.

Muchos médicos, y los cirujanos en particular, parecen tener una especie de falta de respeto por el cuerpo. Si una parte no funciona correctamente, simplemente la cortan. Los cirujanos pueden ser extremadamente desalmados con sus pacientes, mostrando poca preocupación por su bienestar o por cuánto tiempo puede llevarle al paciente recuperarse del tratamiento al que han sido sometidos. En cambio, yo siempre tengo en cuenta la recuperación del paciente a la hora de decidir una estrategia quirúrgica.

Trabajo con ahínco para ser mínimamente invasivo, dejar la menor cicatriz y hacer el menor daño posible al cuerpo del paciente, y trabajo de forma que la recuperación sea lo más fácil y menos dolorosa posible. He operado a decenas de miles de pacientes que han sido capaces de salir caminando literalmente del quirófano a la sala de recuperación después de la intervención, en lugar de dejarlos inconscientes, cortarlos en trocitos y despacharlos con la actitud despectiva de que ya son problema de otro.

Vivía en el condado de Clark, Nevada, mientras me recuperaba de la operación quirúrgica y esperaba a empezar a trabajar en Canyon Meadows, y todos los días pasaba con mi auto por el río Colorado. Aunque me daba cuenta de que mi estado iba mejorando, la terapia era difícil y el dolor extraordinario. Había días en los que realmente sentía que ya no podía soportarlo más, y ese era uno de aquellos días.

Acababa de regresar de una sesión de fisioterapia en Canyon Meadows y me preguntaba si todo aquello merecía la pena. Estaba incapacitado, envuelto en un yeso e incapaz de ver pacientes para ganarme la vida. Me había visto envuelto en un accidente de auto terrible que había puesto mi vida en peligro y únicamente había servido para enfadar aún más a mi vengativa exesposa y sus abogados y para que intentaran demandarme de nuevo. Era mucho lo que tenía que soportar y me estaba derrumbando por la depresión y el estrés, buscando una salida.

Paré el auto en el arcén al lado del río Colorado y me senté allí completamente solo para pensar. *«¿Cuánto tiempo se va a prolongar esto? ¿Cuándo podré regresar al trabajo? He dedicado toda mi vida a ayudar a otras personas, y, ¿qué me ha devuelto a cambio?»*

Finalmente decidí que tenía que hacer algo drástico, así que salí del auto, me quité el yeso y lo arrojé al asiento. Entonces me quité casi toda la ropa, di una patada a los zapatos, caminé hacia la orilla del río y salté al agua solo con la ropa interior.

El río Colorado no es precisamente un hilito de agua que fluya lentamente. Es un río rápido y poderoso con una corriente que a veces puede ser violenta. Estaba depositando mi vida en mis propias manos. Podía haberme arrastrado hacia las profundidades del agua, e incluso podría haberme estrellado contra una roca, lo cual podría haber lesionado aún más mi columna o haberme dejado inconsciente. Pero no podía seguir como hasta entonces. Tenía que tomar el control y dejar de ser un mero espectador de mi propia vida. Creo en Dios, y creo que nada puede cambiar sus planes para nosotros.

Comencé a nadar. Siempre me ha gustado nadar y soy buen nadador, pero se trataba de algo más que del simple placer. Se trataba de recuperar mi vida. Era otoño y el agua estaba fría y revuelta, lo que me mantuvo pleno de energía y concentrado en seguir moviéndome. El agua me envolvió y parecía querer arrastrarme corriente abajo, lejos de mi auto, así que braceé contra la corriente con todas mis fuerzas. Tenía los brazos más fuertes que las piernas, pero muy pronto los principales músculos de mi espalda y mi abdomen comenzaron a responder y evitaron que mis extremidades inferiores flotaran libremente en el agua. Era como estar en una piscina de borde infinito. Para mí fue mejor que nada de lo que había estado haciendo con el equipo de fisioterapia del hospital, por muy serviciales y amables que hubieran sido. Además tenía que lidiar con la osteoporosis, y los hermosos rayos del sol de Arizona podrían ayudarme a sanar más rápido.

Nadé durante horas, y al día siguiente volví a hacerlo. Comencé a nadar todos los días tanto como podía. Salía del agua temblando por el esfuerzo, pero cada vez que lo hacía, sentía cómo me volvía más fuerte, estaba más alerta, más en armonía con lo que me rodeaba. Mi disposición se hizo más fuerte y positiva con cada día que pasaba y, lo que es más importante, sentí que recuperaba la confianza. Disfrutaba con los amaneceres y las puestas de sol, el entorno tranquilo en el que podía meditar y sentirme en sintonía con la naturaleza. Estaba más feliz, emocionado por levantarme de la cama por la mañana y convencido de que muy pronto estaría de vuelta en el centro médico Canyon Meadows, ya no como paciente, sino como miembro valioso del equipo de cirujanos, viendo pacientes y ayudándolos a recuperarse de sus enfermedades. Estaría haciendo lo que había nacido para hacer, lo que mi familia llevaba haciendo desde el siglo XVI.

Mientras nadaba con todas mis fuerzas por el río Colorado, comencé a recordar varios episodios que me habían llevado a la situación actual. A veces, buscar en nuestras experiencias pasadas nos proporciona la fortaleza para superar los desafíos presentes. Nuestro subconsciente fortalece nuestra mente consciente para superar los obstáculos a los que nos enfrentamos. Nadando vigorosamente, recordé un episodio que había tenido lugar mientras era residente y que me había fortalecido como cirujano. Así que estaba conectando la fortaleza de mi recuperación, que era un obstáculo en sí misma, con los obstáculos que había experimentado en la vida y en mi carrera profesional.

Cuando era residente en el centro médico del hospital Brookdale, durante mi primer año en 1983, fui bendecido con la oportunidad de encontrarme en una situación donde adquirí mucha experiencia en traumatismos. Me llamó la atención un residente de último año. Lo llamaban «Bernie el cuchillas», porque siempre llevaba un escalpelo esterilizado dentro de un tubo de ensayo en el bolsillo de su bata por si había una emergencia. Bernie era uno de los mejores cirujanos que he conocido.

Era mi primera semana como residente en Brookdale, en la ciudad de Nueva York, ya que acababa de regresar a Estados Unidos después de licenciarme en Medicina en Italia. Como residente era un completo ignorante, especialmente porque nada de lo que te enseñan en la Facultad de Medicina y durante las prácticas clínicas te prepara para hacer la residencia. Roté por varios servicios, y en ese momento en Cirugía General, de guardia en la sala de emergencias. Eran alrededor de las dos de la madrugada y estaba suturando unas laceraciones menores, con varios pacientes esperando en fila en el pasillo.

Estaba atendiendo a un taxista que había sufrido un golpe de otro auto desde atrás y se había golpeado contra el salpicadero. Tenía la visera parasol parcialmente bajada y le había arrancado el cuero cabelludo. Tenía el cráneo totalmente expuesto y el cabello doblado hacia atrás como si fuera un tupé. No sentía ningún dolor y bromeó conmigo moviendo su cuero cabelludo hacia adelante y hacia atrás diciendo:

—¡Mire lo que me ha ocurrido, doctor! —El taxista era bastante gracioso, y conversamos mientras le atendía.

Estaba limpiando y suturando diligentemente el cuero cabelludo de este hombre en un entorno sin sangre, y me estaba llevando bastante tiempo. La puerta estaba abierta y podía ver toda la sala de emergencias, incluyendo el mostrador de triaje. Advertí que un caballero negro, un rastafari, entraba en la sala de emergencias, que a esa hora ya estaba bastante llena. Bajo su chaqueta, un abrigo largo de cuero negro, vi algo que parecía un arma. Las cuentas de sus rastas hacían ruido mientras él gritaba a la enfermera para atraer su atención. Esta le dio unos formularios para que los rellenara y después, sin mirarlo, le dijo que tomara asiento.

—¡Necesito un médico ahora! —comenzó a gritar a pleno pulmón el hombre. Pero la enfermera, que parecía bastante abrumada, siguió diciéndole que tomara asiento, rellenara los papeles y rápidamente estaría con él. Yo lo miraba con atención mientras trabajaba en el taxista.

—Usted no lo entiende —dijo el hombre a la enfermera—. Necesito un médico *ahora*. —Metió la mano en su bolsillo izquierdo y sacó algo que parecía un arma.

El paciente al que estaba suturando me dijo:

—Parece que tiene usted problemas, doctor.

La enfermera seguía sin prestar atención al hombre, hasta que se sacó del pecho un objeto brillante de metal que resultó ser un picahielos, no un arma. La sangre manó a chorro y salpicó a la enfermera como si fuera una fuente, empapándola a ella y a sus papeles.

—¡Código azul! —gritó cubierta de sangre rojo brillante.

Corrí rápidamente a ayudar, justo cuando el caballero chorreó sangre por el suelo y las paredes de la sala de emergencias. Cuando me acerqué más a él, se desmayó en mis brazos cubierto de sangre. El resto del personal de la sala de emergencias me ayudó a colocarlo en una camilla y las enfermeras comenzaron a comprobar sus constantes vitales. Rápidamente rasgué la camisa del hombre y me di cuenta de se trataba de un traumatismo con penetración secundaria a una herida con un picahielos en la pared torácica. Les ordené a las enfermeras que analizaran el grupo sanguíneo del paciente y trajeran diez unidades de su mismo grupo. Seguridad había notificado al personal de cirugía para que se presentaran inmediatamente en la sala de emergencias.

La sala de trauma estaba abarrotada de personal mientras se le colocaban vías intravenosas. Con actitud rebelde, el hombre le decía a todo el mundo que se fueran a la mierda. Cuando alguien pierde tanta sangre, disminuye la circulación en el cerebro y el paciente entra fácilmente en un estado de confusión.

Mientras yo intentaba cortar los pantalones del caballero para hacer un corte en las venas de sus piernas, Bernie el cuchillas apareció despreocupadamente en la sala de trauma. Al ver toda aquella conmoción, me dio una palmadita en la espalda y preguntó:

—¿Qué tenemos aquí?

—Trauma penetrante en el pecho con posible colapso de pulmón y taponamiento cardiaco —repuse rápidamente.

Cuando Bernie preguntó por las constantes vitales del hombre, respondí 100/60 con un pulso de 120. Rápidamente me dijo que mi evaluación era incorrecta porque, si el hombre tuviera un taponamiento, para entonces sus constantes ya serían una línea plana. Esa era mi deducción fundamentada, pero yo era simplemente un residente insignificante.

Bernie me ordenó que siguiera haciendo lo que estaba haciendo, y pidió a las enfermeras una vía CVP. Llamaron a los anestesistas y todo el mundo empezó a trabajar en equipo. El paciente cada vez era más agresivo con el personal, lanzando manos y piernas al aire como si intentara golpear a alguien. Bernie permaneció tranquilo y comenzó a colocar la vía CVP en el lado derecho del cuello del paciente mientras yo procedía a realizar un corte en la vena safena mayor para intubación intravenosa. De repente, el paciente mordió la mano de Bernie haciéndole sangrar y llevándose un pedazo de piel, que después escupió a la enfermera más cercana.

Bernie tenía un dolor angustioso y estaba totalmente enfurecido. Arrojó las vías al suelo y saltó sobre el pecho del paciente, colocando su rodilla sobre el abdomen de aquel hombre. Con una mano alrededor de la garganta del paciente, Bernie gritó:

—¡Si vuelves a hacer eso, pedazo de cabrón, pronto estarás besando a Dios!

En cuanto dijo esas palabras, las constantes del paciente se convirtieron en una línea recta. Despreocupadamente, Bernie se levantó del pecho del paciente, caminó hasta su bata blanca, que estaba colgada en otra camilla, sacó su tubo de ensayo y lo rompió contra la camilla del paciente para extraer la hoja. Entonces ordenó a todo el mundo excepto a mí que se retirasen, y me dijo que me pusiera unos guantes rápidamente.

Con un movimiento rápido, Bernie hizo una incisión que atravesó la piel, el músculo y las costillas del paciente, justo hasta llegar a sus pulmones, y dejó a la vista su corazón, que estaba manando sangre como si fuera una fuente. Entonces se volvió hacia mí y dijo:

—Tenías razón. Es un taponamiento cardiaco. —Cuando limpió la sangre coagulada de la zona, quedó a la vista un pequeño agujero en el corazón del paciente.

Mientras la sangre seguía chorreando hacia Bernie y las enfermeras, me indicó que colocara mi dedo índice izquierdo sobre el agujero. Así lo hice rápidamente y el sangrado se detuvo. En ese momento teníamos aproximadamente cuatro unidades de sangre y dos unidades de plasma fresco congelado en diferentes vías. La presión sanguínea del paciente mejoró, aunque todavía era baja, y Bernie ordenó a alguien que llamara al quirófano y estuvieran preparados.

Con mis dedos dentro del pecho de ese hombre, sentía los latidos de su corazón. Era una sensación extraña la de tener el corazón de alguien contrayéndose alrededor del dedo índice. Cuando le pregunté a Bernie qué debía hacer a continuación, me respondió rápidamente.

—Mantén el dedo donde está.

Yo estaba empapado en sangre y sudor, y tenía la adrenalina por las nubes.

La presión sanguínea del paciente estaba mejorando, así que levantaron los marcos laterales de la camilla y nos llevaron a ambos al ascensor que subía al quirófano. Bernie tomó el siguiente ascensor y se reunió allí con nosotros mientras yo seguía con mi dedo en el corazón de aquel hombre. Estaba rodeado de personas, cubierto de sangre y sosteniendo las bolsas de sangre y fluidos, y de pronto nos miramos unos a otros y empezamos a reír ante la situación.

—Debe haber luna llena —dijo una enfermera.

Entonces las puertas del ascensor se volvieron a abrir y llegó el equipo de anestesistas. Rápidamente ayudaron a meternos en el quirófano más cercano al paciente y a mí, que seguía sentado sobre el paciente con el dedo en su corazón. Mientras tanto, me sobrevino una sobrecogedora sensación de fortaleza como nunca había experimentado.

Bernie ya estaba lavándose y los demás residentes prepararon rápidamente al paciente untando Betadine a mi alrededor. El resto del equipo estaba preparando el cuello, pecho y abdomen del paciente, y el equipo de anestesia ya lo había intubado.

Cuando Bernie entró en el quirófano, me preguntó:

—¿Cuántos taponamientos cardiacos has hecho?

—Ninguno —respondí—. Pero he visto dos.

—Con eso me vale —dijo—. Tienes exactamente treinta segundos para lavarte y ponerte la ropa de quirófano. —Después me indicó que levantara el dedo y, cuando lo hice, colocó su dedo esterilizado en el corazón del paciente, empezó a administrarle antibióticos y esperó a que yo regresara.

Tenía la adrenalina al nivel máximo, con el corazón acelerado a unos 120 latidos por minuto. Esa era mi primera semana como residente y estaba intensamente concentrado en la situación que teníamos entre manos. Me lavé rápidamente y, cuando volví a entrar en el quirófano, las enfermeras me echaron alcohol en las manos, me colocaron la bata quirúrgica sobre los hombros y me pusieron los guantes.

—Han pasado cuarenta segundos —dijo Bernie—. ¡Llegas tarde! —Entonces levantó su dedo del corazón y me dijo—: Arregla a este hombre. ¡Ahora! —Dicho eso, cruzó las manos sobre su barriga y me vigiló para ver cuál era mi siguiente paso.

Rápidamente coloqué de nuevo el dedo en el corazón del paciente para detener el sangrado y pedí *pledgets* quirúrgicos, suturas y retracción. Con un dedo en el corazón, usé la otra mano para suturar el agujero reaproximando los dos extremos opuestos de la herida circular. Cuando los puntos de sutura estuvieron en su sitio, los anudé cautelosamente sobre los *pledgets* para completar la operación. Entonces esperé y vigilé la zona que había suturado, buscando algún punto de sangrado, pero no había ninguno. Le habíamos trasfundido seis litros de sangre y cuatro unidades de plasma fresco congelado, y las constantes vitales del paciente eran estables.

Cuando levanté la vista hacia Bernie, este exclamó:

—¡Buen trabajo! Ahora ciérralo. —Mientras Bernie me dejaba solo para completar la operación me dijo desde la puerta del quirófano—: Tenías razón. ¿Te das cuenta de lo que has hecho?

—No. ¿Qué? —dije, encogiéndome de hombros.

—Acabas de salvar la vida de ese bastardo —replicó. Entonces bajó la vista hacia su mano herida y salió por la puerta.

Me invadió una sensación de total satisfacción, una sensación de éxito en condiciones de emergencia con un paciente en estado crítico. Durante toda la situación, había experimentado una fuerza enorme y una sensación de empoderamiento. Muchos médicos tienen esa experiencia muchas veces a lo largo de sus carreras, y aquel fue uno de los momentos más gloriosos que se han conservado en mis bancos de memoria.

Mientras nadaba tan rápido como podía, recordé la adrenalina y la fuerza que me habían invadido durante esa experiencia única. ¡Todo ese tiempo me decía a mí mismo que iba a mejorar y a fortalecerme con el tiempo!

Una vez empecé a nadar, además de continuar con el régimen de fisioterapia que se me había prescrito, mi recuperación pareció pasar volando. Mi lesión en la columna había sucedido en septiembre, y en enero ya estaba listo para regresar al trabajo. Era emocionante vivir en un estado nuevo, ir a un hospital nuevo y prepararme para trabajar con un equito totalmente nuevo. Preveía un futuro brillante para mí en Arizona.

Poco podía saber lo mal que se pondrían las cosas cuando conocí al Dr. Morelli. Ese hombre, su mujer Margaret y sus asociados demostrarían más adelante ser algunos de los peores enemigos que me he encontrado en todos mis años sobre la faz de la Tierra. Muy pronto sus intentos de destruirme incluso rivalizarían con los de Chelsea, y eso fue antes de que unieran sus fuerzas a las de ella en una conspiración verdaderamente aterradora y sobrecogedora para arruinar mi carrera médica, destruir mi vida personal, arruinarme financieramente e incluso enviarme a prisión. Todo esto sucedería más temprano de lo que me habría podido imaginar mientras nadaba en el río Colorado ese otoño, recuperando las fuerzas y preparándome para la siguiente fase de mi vida y mi carrera profesional.

CAPÍTULO VEINTIUNO
Un psicópata de verdad

En enero de 2010 completé por fin el programa de fisioterapia. Gracias al personal del centro médico Canyon Meadows y mi nueva rutina de natación en el río Colorado, mi columna había sanado y había recuperado por completo la capacidad de caminar y cumplir mis obligaciones como cirujanos. Todavía estaba en tratamiento para la osteoporosis que había desarrollado por las largas horas que había pasado trabajando en el quirófano, pero aquello no me impedía volver a trabajar. Tenía pacientes a los que atender.

Me uní al personal del hospital ese mismo mes, un nuevo inicio al empezar un año nuevo... O eso pensé. Mi consultorio estaba al lado del edificio principal, y al principio todos me dieron la bienvenida y fueron muy amables y serviciales. Las enfermeras y los administradores me expresaron la máxima cortesía e hicieron todo lo posible para que me integrara en la rutina de las instalaciones.

Al igual que cualquier otra organización, los hospitales son sistemas complejos con docenas de departamentos que se solapan, cada uno con su propio programa y procedimientos, y sin embargo todos contribuyen al funcionamiento seguro y eficiente del conjunto. Si un departamento se derrumba o deja de funcionar a pleno rendimiento, todo el sistema puede comenzar a fracturarse, convirtiéndose en un peligro para los pacientes. Por ejemplo, durante una laparoscopia de vesícula biliar, surgió una complicación y el cirujano tuvo que abordar una operación abierta, pero la sala no se había preparado para eso. El cirujano se comportó de forma abusiva con el personal de enfermería, lo cual creó miedo y confusión, retrasando con ello la intervención. Este hecho adquirirá importancia en la historia que voy a contar.

A pesar de la actitud generalmente positiva con la que me recibió el personal del hospital, había algo en el ambiente de Canyon Meadows que no lograba identificar. Era como una neblina tóxica que pendía sobre todo el hospital, provocando un matiz de hostilidad y temor en cada interacción. Todos parecían mirar constantemente por encima de su hombro para asegurarse de que no estaban haciendo algo que pudiera enfadar a alguien o incluso poner en peligro su empleo.

Una de las primeras personas que conocí fue un compañero urólogo. Al principio fue muy agradable y amistoso. Hablamos sobre nuestras experiencias previas y formación, y él incluso mencionó que había hecho el mismo programa de formación que yo. Cuando lo conocí entonces, no habría podido predecir que con el tiempo me vería obligado a informar sobre él al gobierno federal por fraude en el programa Medicare.

Incluso el Dr. Morelli, a quien conocí el primer o el segundo día, me pareció bien. Era un hombre bajo, pálido, de aspecto enfermizo y calvo que emitía un aura tremenda de energía negativa. El personal parecía encogerse y huir de él, o intentaban parecer ocupados cuando pasaba a su lado, como si temieran verse arrastrados a una conversación con él. Pero no presté atención a esas señales de advertencia. Me pareció una persona normal.

Morelli era proctólogo y cirujano general, y compartíamos la mentalidad y el punto de vista común a las personas que se dedican a rajar a otros para ganarse la vida. También era descendiente de italianos, sino cien por cien italiano, como yo, así que parecía razonable que nos lleváramos bien. Todo eso provocó incluso una conmoción mayor en mí cuando resultó ser un enemigo tan implacable y despiadado.

Pronto descubrí que el Dr. Morelli era un ególatra narcisista con una personalidad verdaderamente tóxica. Era Morelli quien perturbaba los pasillos del centro médico Canyon Meadows y creaba el ambiente tóxico que los demás se veían obligados a respirar y en el que debían trabajar.

Cuando conocí a Morelli, me pareció bastante bondadoso. Mi impresión inicial fue que era un tipo decente, astuto pero cordial, hasta que lo conocí mejor. Cuando supo que mi apellido era italiano como el suyo, me dijo:

—Encantado de conocerlo, *paisano* italiano. No tenía ni idea del idioma o las costumbres italianas, pero nos presentamos con cordialidad.

A pesar de ser un cirujano mediocre como muchos (y con el tiempo descubrí que era mucho más peligroso), Morelli había trabajado mucho para crear la ilusión de que era un genio de la medicina y Canyon Meadows era muy afortunado por tenerlo allí. Veía el hospital como su reino personal y, mediante su fuerza de voluntad y la intimidación de todos los que lo rodeaban, erigió a su alrededor una barrera de miedo que impedía que la gerencia, el personal de enfermería ni ninguna otra persona se resistiera a él.

El Dr. Morelli era un médico mediocre que había comenzado su carrera en Needles, California, al otro lado del desierto del valle de Mohave. El hospital donde comenzó su carrera solo tenía tres camas y un quirófano, creo. Supongo que es el único lugar del todo el país donde pudo conseguir ciertos privilegios. Cuando se construyó el centro médico Canyon Meadows, sacó la licencia para Arizona y se mudó a Fort Mohave. Con toda seguridad, Morelli no habría tenido éxito si hubiera empezado en una ciudad grande, donde se lo habrían comido vivo por su incompetencia.

Era un hecho muy conocido que el Dr. Morelli y su esposa Margaret no tenían escrúpulos morales y se creían por encima de todos. Si los enfadabas, te daban caza y acababan contigo. Un día, un amigo mío que estaba en el consejo de administración se enzarzó en una discusión con los Morelli.

Ese fin de semana, el Dr. Morelli fue de caza y mató un alce, y al día siguiente había una cabeza de alce en la puerta de mi amigo. Al igual que en *El Padrino*, el mensaje estaba claro: No te metas conmigo.

El Black Rose, un club de Bullhead City, era conocido por celebrar orgías y escapadas para mantener contactos sexuales ilícitos. Numerosas personas me contaron que tanto el Dr. Morelli como su esposa Margaret frecuentaban dicho club, junto con unos cuantos médicos más del valle de Mohave, antes de mi llegada a la ciudad. Esto es solo para dar una idea de su falta de moralidad.

En mi cabeza no hay ninguna duda de que Margaret usaba su cuerpo para persuadir a otras personas para que cometieran actos delictivos, probablemente incluso a Connor Truman. Truman ha hecho cosas horrendas, aprovechando su licencia de abogado para su propio provecho ilegal y conspirando con los Morelli, algo que ha admitido abiertamente en el juzgado, a la vez que conspiraba con mi exesposa y su abogada, Veronica Fischer.

El Dr. Morelli era uno de los hombres más airados que he conocido. Tenía un carácter asombrosamente explosivo y respondía a la más mínima tensión o provocación con estallidos de violencia. Había muchas historias que relataban cómo arrojaba instrumental quirúrgico a las enfermeras en medio de una operación si pensaba que no estaban haciendo las cosas de la manera correcta... a su manera.

Cualquiera por debajo de él en el esquema organizativo temía por su empleo cada vez que debía hablar con ese hombre, por no decir compartir quirófano con él. Sin embargo, ¿qué otra opción tenían? Se había abierto camino como un gusano hasta ostentar un poder real dentro del hospital, e iba a ser necesario que ocurriera algo verdaderamente extraordinario para arrancarlo de ahí, si es que había alguien que fuera a intentarlo.

Como dije antes, al principio Morelli fue muy amable conmigo. Debía estar tomándome la medida, decidiendo si yo era alguien a quien pudiera captar y atraer a su lado o si era un enemigo que debía ser destruido. Tomó la decisión cuando mi consultorio se puso en marcha y empecé a ver pacientes.

Yo estaba adormecido con una falsa sensación de seguridad, porque necesité varios meses para asentarme y empezar a ver pacientes en serio. No experimenté la locura del Dr. Morelli en su plenitud hasta que comencé a practicar operaciones quirúrgicas más complicadas en Canyon Meadows.

Mi padre, con quien compartí consultorio en Nueva York, fue pionero en la cirugía ambulatoria, y me enseñó todo lo que sabía. Formábamos un equipo de expertos reconocido internacionalmente por nuestra habilidad en las intervenciones de hernia en pacientes bajo anestesia local y lograr que se fueran a la sala de recuperación por su propio pie. Los pacientes volaban a Nueva York expresamente para que los operásemos de hernias o para que arregláramos operaciones de hernia fallidas de otros médicos, todo ello mientras ellos estaban despiertos y lúcidos.

Cuando algunos de esos pacientes descubrieron que estaba en Canyon Meadows, comenzaron a llamarme desde Nueva York, desde Europa o desde dondequiera que vivieran. Otros eran nuevos para mí, pero habían oído hablar de mis técnicas y mi impecable reputación. Las operaciones de hernia no son un trabajo a tiempo completo para un cirujano urológico, pero he hecho miles a lo largo de mi vida. De hecho, he escrito numerosos trabajos médicos sobre las técnicas de reparación de hernias e incluso un capítulo sobre hernias de un libro de texto médico. Podría realizar una operación de hernia con los ojos cerrados.

Cuando el Dr. Morelli vio que estaba empezando a realizar esas operaciones en Canyon Meadows, reaccionó como un niño enrabietado, como si me hubiera colado en su esquina del arenero del jardín de infancia y estuviera jugando con sus juguetes. Mi primera operación de hernia fue un paciente que había volado desde Europa buscando mi ayuda. ¡Estaba literalmente en la antesala del quirófano cuando descubrí que mi reserva de quirófano había sido eliminada del horario!

Inmediatamente puse el asunto en conocimiento de la gerencia, pero a Morelli le daba igual que hubiera un paciente esperando la cirugía.

—Estás loco si crees que vas a operar una hernia —me dijo. Sospecho que estaba incluso más enfadado porque había registrado la intervención como un procedimiento que solo requería anestesia local, y él prefería dejar a los pacientes totalmente inconscientes.

Chris Johns, el administrador, y Morelli, se odiaban mutuamente. De hecho, era público y notorio que habían llegado a las manos. Morelli había dado puñetazos a Johns en el estacionamiento, un ataque que fue presenciado por Harris Letterman, un cirujano excelente de Harvard y que era otra de las víctimas de Morelli. Johns había estado mostrando las instalaciones del hospital a un nuevo candidato para Cirugía, y el miedo de Morelli a tener competencia lo había encolerizado. Era evidente que mantenía en secreto sus actividades deleznables por su forma maquiavélica de librarse de todos los posibles competidores que podrían haber descubierto su corrupción.

El incidente con mi paciente de hernia solo había servido para que la enemistad entre los dos hombres se agriase aún más. Johns apenas soportaba ver a Morelli, así que, cuando se le presentó la oportunidad de bajarle los humos, no pudo resistirse. Se me concedió permiso para operar esa hernia y todas las que mis pacientes necesitaran. Ahí es cuando mi enemistad con Morelli empezó de verdad.

Las cosas empeoraron a medida que yo realizaba operaciones más complicadas. Estaba haciendo cosas en el quirófano que no se habían hecho nunca en esa región, ni siquiera en Phoenix. Una de mis especialidades era la creación de lo que se conoce como neovejiga ortotópica.

El cáncer de vejiga es extremadamente común, el noveno cáncer más habitual a nivel mundial y el segundo cáncer urológico después del cáncer de próstata. Cuando el cáncer de vejiga alcanza cierto punto, el tratamiento requiere una cistectomía, la extirpación de la vejiga, lo que obviamente causa cambios fundamentales en la vida del paciente, incluyendo la necesidad de crear un estoma con desviación ileal. Se corta una sección del intestino y se conecta a los uréteres, que son los tubos que transportan la orina desde los riñones, y después se adhieren al estoma, que es un agujero en el abdomen. En esa abertura se acopla una bolsa para recoger la orina. Esto puede ser dañino psicológicamente e incluso puede causar depresión, porque a la gente simplemente no le gusta la idea de orinar en una bolsa que debe vaciar manualmente el resto de su vida.

La neovejiga ortotópica presenta una solución alternativa. Después de extirpar la vejiga del paciente, se construye una nueva vejiga usando una sección del intestino, permitiendo así que el paciente orine o use un catéter, como todas las demás personas. No se necesita una bolsa o drenaje externo y nadie tiene por qué saber que te han extirpado la vejiga.

Había empleado una cantidad considerable de tiempo en perfeccionar mi técnica para construir neovejigas ortotópicas. Usaba unos treinta centímetros del intestino grueso y delgado del paciente para construirla, dependiendo de la capacidad que se necesitara para la vejiga. Construía lo que se denomina «bolsa de Mainz» usando intestino grueso y delgado, así como una porción del colon. El colon contiene fibras musculares lisas que se llaman *taenia coli*, en las cuales implantaba los uréteres para prevenir el reflujo. De ese modo, la orina únicamente fluye hacia abajo cuando la vejiga está llena, en lugar de volver hacia los riñones.

Cuando mis pacientes se habían recuperado totalmente, la capacidad de su vejiga era de más de un litro en algunos casos. Eran capaces de orinar usando la maniobra de Valsava, una forma de aumentar la presión abdominal. O podían someterse a cateterización intermitente, insertando el catéter únicamente cuando la vejiga está llena en lugar de dejarlo dentro en todo momento, lo cual conlleva el riesgo de infecciones del tracto urinario. Como resultado, mis pacientes llevaban vidas más normales y saludables que las personas que dependían de una bolsa externa. Podían conservar la dignidad y evitar la depresión y la tensión mental que he descrito anteriormente.

La primera vez que realicé una operación de neovejiga ortotópica en Canyon Meadows, las noticias volaron hasta Bullhead City, Fort Mohave y alrededores. Había tantos médicos y enfermeras que deseaban ver la intervención que la galería de observación estaba completamente llena, y se formó una fila desde el quirófano hasta el vestíbulo. Incluso se publicó una noticia en el periódico local sobre el nuevo médico de la ciudad y cómo había traído una nueva técnica médica a la comunidad. Toda la atención recaía sobre mí, no sobre el Dr. Morelli, y su frágil ego no pudo resistirlo. Desde ese momento se convirtió en un hombre amargado y enfurecido, decidido a hundirme.

CAPÍTULO VEINTIDÓS

Carnada para tiburones

La hostilidad abierta del Dr. Morelli hacia mí fue obvia desde el momento en que comencé a realizar cirugías complejas en el centro médico Canyon Meadows. Un día, mientras estaba haciendo una prostatectomía laparoscópica, se acercó a mí y dijo:

—No cuentas con permiso para hacer una prostatectomía laparoscópica.

—Dr. Morelli —respondí—, usted me dio permiso para realizar laparoscopias, lo que me da derecho a realizar varias intervenciones, incluyendo prostatectomías laparoscópicas.

—¿Se lo di? —preguntó.

—Sí, me lo dio —confirmé—, y mis permisos fueron aprobados por el comité ejecutivo médico.

Lo que yo estaba haciendo iba más allá de sus capacidades, lo que le causaba una pérdida de estatus en el hospital.

Seguía siendo el jefe de Cirugía, lo que significaba que era mi superior, pero era un maníaco propenso a los arrebatos de gritos y estallidos violentos. Por el contrario, yo era amable con las enfermeras y administradores, e intentaba que las cosas funcionaran de la forma más suave posible. ¿Quién crees que le gustaba más al personal?

Era una situación increíblemente incómoda. Yo iba todos los días a trabajar e intentaba ayudar a mis pacientes, sabiendo mientras tanto que mi adversario estaba resentido a causa de mi capacidad y mis logros profesionales. ¡Morelli me guardaba rencor de forma personal porque yo era bueno en mi trabajo! Discutíamos con regularidad sobre asuntos importantes e insignificantes, aunque siempre parecíamos resolver las cosas en ese momento. Pero, si lo sumaba todo, se trataba de la definición que viene en el diccionario para «entorno hostil de trabajo».

Yo lo soportaba lo mejor que podía, manteniendo la cabeza baja y concentrándome en brindar a mis pacientes los mejores cuidados posibles. Pero cuando Morelli y yo nos veíamos forzados a estar cerca, como cuando teníamos operaciones programadas para el mismo bloque horario, las cosas pendían siempre de un hilo. Por otro lado, si no hubiéramos tenido que trabajar a las mismas horas, probablemente nunca habría descubierto lo mal médico que era.

Inmediatamente después finalizar las intervenciones, los cirujanos están obligados a dictar los informes que deben transcribirse en el historial médico de su paciente tan pronto como sea posible. Un día, estaba en la sala de dictado pasando las notas de una operación larga y compleja que acababa de terminar. El Dr. Morelli entró para dictar un procedimiento suyo, pero terminó rápidamente y se apresuró a abandonar la sala como si tuviera un lugar importante al que ir.

Su comportamiento me hizo sospechar y eché un vistazo al tablero de la pared donde se enumeraban los casos de cada cirujano para cada día. Me asombró comprobar que tenía programadas unas quince colonoscopias, además de otros procedimientos. Una colonoscopia bien ejecutada requiere un tiempo que puede ir desde media hora hasta una hora completa. No tenía ni idea de lo que estaba sucediendo, pero no tenía mucho tiempo para pensar en ello. Cinco minutos más tarde, volvió a entrar en la sala y comenzó a dictar un nuevo procedimiento. Escupió rápidamente sus notas en lo que fuera que acababa de hacer, me lanzó una mirada cargada de veneno y salió de nuevo.

«*¿Qué demonios?* —pensé—. *¿Cómo puede hacer tantas colonoscopias? ¿Coloca a todos los pacientes en fila o algo así?*». Ni siquiera era mediodía. Si debía creer los registros, Morelli estaba realizando esos procedimientos como churros, a una velocidad incomprensible. Era imposible que estuviera ofreciendo atención de calidad a esa velocidad.

Sin embargo, no quería enzarzarme con él. Nuestra relación de trabajo ya era lo suficientemente mala, así que decidí limitarme a agachar la cabeza y hacer mi trabajo. Pero, una vez que sabes algo de tu entorno, este comienza a revelarse gradualmente con más y más detalle, hasta que se convierte en lo único que ves. Entonces no te puedes creer que no lo advirtieras antes.

Comencé a oír rumores de que un montón de pacientes a quienes el Dr. Morelli les había practicado una colonoscopia ultrarrápida estaban presentándose en el otro hospital local, el centro médico Bullhead City, conocido como BCMC. La historia decía que estas personas estaban ingresando en el BCMC por sangrados u otras complicaciones. Cuando el Dr. Wes Brown, cirujano de ese hospital, los veía de urgencia, les hacía otra colonoscopia o, en muchos casos, los abría directamente porque tenían sangrado y cáncer de colon.

Se hizo demasiado evidente que el Dr. Morelli simplemente no estaba realizando los procedimientos que se atribuía y por los que cobraba. Estaba cometiendo un fraude y, lo que es aún peor, estaba poniendo en peligro las vidas de los pacientes.

Comencé a abordar disimuladamente a los técnicos de quirófano con los que trabajaba el Dr. Morelli en las llamadas colonoscopias. Cuando uno de esos técnicos vino a mi despacho como paciente, le pregunté:

—Cuando hace colonoscopias con el Dr. Morelli, ¿siempre ven el ciego?

Después de pensarlo detenidamente, contestó:

—¿Sabe? Ahora que lo pienso, nunca he visto el ciego en los casos en los que he trabajado con el Dr. Morelli.

Hice todo lo que pude para impedir que Morelli descubriese mi investigación extraoficial, pero al final supe que estaba enterado de mis actividades, así que empecé a cuidarme las espaldas de verdad. Siempre es responsabilidad de un médico conocer los problemas que pueden poner en riesgo a un paciente e informar de ellos a las autoridades adecuadas cuando sea necesario.

Hay una forma sencilla de saber si una colonoscopia se ha realizado correctamente. El punto en el cual el intestino delgado desemboca en el intestino grueso se llama ciego. Si no ves el ciego en la pantalla, no has realizado una colonoscopia completa. Así que, cuando hablé con los técnicos de quirófano que trabajaban con el Dr. Morelli sobre sus procedimientos, les formulé una sola pregunta: «¿Vieron el ciego?»

Ni uno solo dijo que sí. Un técnico incluso acabó testificando ante el fiscal general de Arizona sobre sus actividades fraudulentas. Me dijo que nunca había visto el ciego en todo el tiempo que practicó colonoscopias con Morelli, y todos los demás técnicos con los que hablé me contaron la misma historia.

Como si esto no fuera lo bastante malo, tampoco guardaba registros de lo que hacía. Una colonoscopia requiere la inserción de una cámara en el tracto gastrointestinal y el medico observa el recorrido de la cámara en un monitor. Pero el Dr. Morelli no grababa las imágenes, así que no había registros de lo que estaba haciendo... o no haciendo.

Otro aspecto de la colonoscopia es la toma de muestras de tejido y su envío para analizarlo. Morelli tomaba mucosa normal de un paciente, pero lo etiquetaba como pólipo cuando lo enviaba al departamento de Patología para hacer la biopsia.

De hecho, un patólogo de Canyon Meadows se acercó a él y le preguntó directamente:

—¿Por qué sucede, Dr. Morelli, que realiza tantas colonoscopias pero obtiene los resultados más bajos en lo que se refiere a detección de cáncer o de cualquier otra patología? Todos sus pacientes parecen gozar de una salud perfecta, muy por encima de la media estadística. Y todas las patologías de las que informa resultan ser mucosa normal cuando se analiza. ¿Tiene alguna explicación para esto?

En menos de setenta y dos horas, el Dr. Morelli había ido a Administración y había exigido que se despidiera al patólogo, pero no se detuvo ahí. Al final el pobre hombre tuvo que mudarse porque Morelli no iba a parar hasta destruir su carrera y su reputación. Debería haber comprendido que haría lo mismo conmigo si tenía la oportunidad, pero yo estaba más preocupado por el bienestar de los pacientes que por mi carrera profesional. Tenía que seguir investigando.

Para mí estaba claro que el Dr. Morelli no estaba realizando las colonoscopias de la forma que lo hacen el resto de los cirujanos y que, como consecuencia, sus pacientes se estaban yendo al BCMC. En algunos casos, incluso morían de un cáncer de colon que él no había sido capaz de detectar, bien debido a su incompetencia o bien por negligencia deliberada. Aún no sabía por cuál de los dos motivos, pero no importaba.

Fui en auto hasta el BCMC y tuve una reunión a puerta cerrada con el Dr. Wes Brown, un compañero cirujano general.

—¡Ese tipo es la maldad personificada! —me dijo—. No sé qué le está haciendo a esas personas, pero no es una colonoscopia, porque a mí me toca ocuparme de la basura que va dejando tras él.

Pensé: *«Esto no está bien. Tengo que hacer algo»*.

Ahora debo desviarme brevemente del tema. Justo antes de que informara de la verdad al gobierno federal, sentí que era responsabilidad mía llevar toda la información que había acumulado al jefe de personal del BCMC. Se llamaba Robert Yarbrough, y era el jefe de anestesistas, así como un buen amigo (o eso creí).

Un sábado, mientras desayunábamos juntos, le conté a Yarbrough lo que había descubierto en mi investigación. Había hablado con numerosos técnicos de quirófano y cirujanos generales y, en mi calidad de jefe de Cirugía del centro médico Canyon Meadows, tenía acceso a las gráficas antiguas del Dr. Morelli. Todo eso no hacía más que confirmar mi conclusión de que era imposible que hubiera realizado esas colonoscopias en el breve periodo de tiempo que decía. Y eso sin tener en cuenta las muertes que Wes conocía personalmente, ya que era el encargado de arreglar los desmanes de Morelli.

Cuando hablé con el Dr. Yarbrough, no sabía que Morelli y él eran los mejores amigos. Cuando le conté la necesidad de realizar una investigación completa en el BCMC, me dijo:

—Dino, déjalo.

En febrero de 2013, Ted Paxton, que era enfermero y abogado, me notificó que Morelli iba a por mí. Paxton me proporcionó el siguiente documento, que muestra lo corrupto que era Morelli:

25 de febrero de 2013

A quien pueda interesar:

El Dr. Morelli habló en privado conmigo en la sala de dictado del departamento de Cirugía del hospital en algún momento después de la llegada del Dr. Panvini, pero antes del verano de 2011. Yo había llamado a la puerta y había entrado siguiendo la rutina habitual de mis obligaciones como asistente de enfermería en quirófano, para decirle que su quirófano estaba listo. Me hizo un gesto para que entrase y dijo:

—Cierre la puerta. Odio a ese bastardo —añadió—. ¿Usted no?

—¿A quién se refiere? —pregunté.

—A él —dijo—. A Panvini. El hijo de puta va a por mí.

—¿De verdad? —pregunté—. No me lo parece.

—Sí, ese cabrón hijo de puta —respondió—. Me encantaría pillarlo, pero no puedo. Va a por mí, aunque no sé por qué. Siguió diciendo que «otra persona» podría llamar al «estado» y denunciar a Panvini.

—Lo haría yo mismo —dijo—, pero no puedo, ya me entiende. Aunque nada le impide hacerlo usted.

Estaba claro que Morelli quería que yo denunciara falsamente al Dr. Panvini ante el estado y las autoridades federales, implicándolo en mala praxis o en un fraude. Intenté decir que yo no estaba cualificado, desde mi punto de vista, para juzgar si la capacidad quirúrgica del Dr. Panvini tenía la calidad requerida e intenté hacer un chiste.

—Hablo en serio —dijo. Añadió que me contaría todo lo que necesitaba saber: el número al que llamar, por quién preguntar y qué decir.

—¿Qué me quiere decir con *qué decir*? —pregunté.

—Da lo mismo —respondió—. Es la única forma de parar a ese hijo de puta.

Respondí que no quería tener nada que ver con todo aquello, que me parecía mala idea y después me fui. Para mí estaba claro que Morelli deseaba ardientemente que denunciara falsamente al Dr. Panvini ante las autoridades y el consejo de acreditación médica de fraude y/o mala praxis.

Varias semanas después, Morelli repitió su petición de denunciar al Dr. Panvini ante el estado. Me dio la impresión de que el Dr. Morelli. había olvidado que ya me lo había pedido. De nuevo intentó decirme que «llamaría él mismo, pero no podía». Y otra vez estaba claro que quería hacer una falsa acusación que implicara al Dr. Panvini con el propósito expreso de hostigarlo a través del consejo de acreditación médica e investigaciones estatales y federales. De nuevo, me proporcionaría todos los números de teléfono necesarios y las personas de contacto, además de los «hechos» de las acusaciones que se presentarían. Esta vez declaró que «iba en serio» y que, si hacía eso por él, él «haría que mereciera la pena». Estaba claro que Morelli estaba ofreciéndose a pagarme por denunciar en falso al Dr. Panvini. De nuevo dije que no quería tener nada que ver con su idea, y añadí que denunciar en falso podría no ser una forma de proceder aconsejable, que debería abandonar la idea, que eso no se lo aconsejaría ningún abogado reputado y que debería consultar a su abogado antes de hacer ninguna acusación. Entonces me fui.

Firmado:

Ted Paxton, enfermero registrado, JD.

Esto es una muestra de las acciones maquiavélicas y patológicas que este hombre pretendía realizar contra mí. Habría hecho cualquier cosa por destruir mi reputación y era bastante obvio que Morelli había estado en contacto con Yarbrough.

Estaba desconcertado, así que no seguí discutiéndolo con Yarbrough y continuamos con un cordial desayuno. Unos diez días más tarde, estábamos operando juntos, ya que era el anestesiólogo de un caso que estaba llevando yo. Se ofreció a llevarnos a mí y a MJ, un amigo suyo que también era anestesiólogo, a practicar pesca de altura en Costa Rica. Contesté que sería fantástico porque me encanta la pesca de altura.

Varios días más tarde, me enviaron un pasaje de avión a Costa Rica con una nota manuscrita de Yarbrough que decía: «Vamos a atrapar unos peces». Abrí el sobre, examiné el contenido y me di cuenta de que era solo de ida. A esas alturas ya había descubierto que Morelli y él eran buenos amigos. El pensamiento de que probablemente estaban confabulados cruzó mi mente a toda velocidad, y ahora Morelli lo sabía todo y probablemente le habría pedido a Yarbrough que se ocupara del asunto.

El pasaje de solo ida era inquietante. ¿Iba a convertirme en carnada para los tiburones en medio del océano Atlántico, ahí solos? Llamé a Yarbrough y le dije que había recibido el pasaje en el correo, pero que parecía que era solo de ida y no aparecía el pasaje de vuelta. Me respondió que había dejado la vuelta abierta intencionadamente.

Aquello me olió un poco a pescado podrido, y no es mi intención hacer un juego de palabras. Así que dije amablemente:

—Gracias, pero tengo muchas cosas que hacer esa semana y unos cuantos casos que atender.

Resulta interesante el hecho de que tenía un caso en el BCMC en las fechas que se habían señalado para el viaje a Costa Rica, ¡y Yarbrough y MJ también lo tenían! Nunca fueron a Costa Rica. Obviamente, habían planeado el viaje específicamente para mí. ¿Fue para acallarme o para terminar con mi investigación? Me pasaron muchas ideas por la cabeza, pero me alegro de no haber ido. Al parecer estaba agitando un avispero, y no quería acabar con picaduras. Esa experiencia se la apunto a mi intuición y a mi sexto sentido.

Acabé presentando un informe ante el consejo de acreditación médica de Arizona y el fiscal general del estado, y después presenté una demanda «qui tam» contra Morelli en virtud de la Ley de Reclamos Falsos. Eso permite que un informante presente una denuncia en nombre del gobierno federal y reciba un porcentaje de la multa que se solicite contra el acusado. En mi caso, afirmé que el Dr. Morelli estaba cometiendo fraude a Medicare al facturar al gobierno colonoscopias que no estaba realizando.

Hasta entonces, había confiado en personas que había creído que eran mis amigos y me apoyarían. Pero hay un dicho en Italia: «Los amigos son como los paraguas. Cuando llueve nunca los encuentras». Muchos de los que se llamaban amigos míos tenían miedo de su propia sombra. No voy a enumerar sus nombres aquí, porque ellos saben quiénes son, y Dios también.

Por entonces yo trabajaba en Canyon Meadows y en el BCMC. Llevaba la mayoría de mis casos en Canyon Meadows, pero en ocasiones los médicos de BCMC me pedían que me pasara por allí y atendiera a algún paciente, y alguna vez transferí a un paciente de un hospital al otro porque tenía camas disponibles. También ejercía como director del comité de seguridad en quirófano de BCMC, así que, obviamente, no podía permitir que alguien quedara impune después de poner en peligro la vida de los pacientes. Había que hacer algo.

CAPÍTULO VEINTITRÉS
Corrupción médica

El conflicto con el Dr. Morelli siguió empeorando, y estaba muy preocupado por su descarada negligencia médica. Nunca expresó el más ligero remordimiento por dejar a los pacientes sin tratamiento abandonándolos a su muerte, y tampoco mostró ningún sentimiento de culpa por haber cometido fraude a Medicare casi a nivel industrial. En lugar de eso, se contoneaba por Canyon Meadows como si fuera su reino privado, reaccionando encolerizado siempre que cualquiera se atrevía a cuestionarle. Sin embargo, cuando la situación me golpeó personalmente, me vi obligado a intervenir.

Un día, estaba hablando con Olivia Rivers, la jefa de enfermeras, en su despacho del BCMC. Era una mujer agradable y muy competente, de esa forma que lo son las mejores jefas de Enfermería. Dirigía su equipo con una mezcla de disciplina férrea y verdadera consideración por los demás, y, en lo que se refería a los pacientes, era fantástica. Me gustaba mucho y creí de verdad que era uno de los grandes activos del hospital.

—Mi prometido tiene poliposis adenomatosa hereditaria —me contó.

Las personas que sufren esta afección genética extremadamente peligrosa desarrollan pólipos en la mucosa del intestino grueso. Al principio los pólipos son benignos, pero si no se tratan, acaban convirtiéndose en malignos y desarrollan cáncer de colon. Cuanto mayor sea el paciente, mayor es el riesgo de cáncer. A la edad de cuarenta y cinco años, las probabilidades de que una persona que tenga una variedad de poliposis adenomatosa hereditaria desarrolle cáncer es del 87 por ciento. A los cincuenta, el riesgo asciende al 93 por ciento. Debido a esto, las personas con este trastorno necesitan someterse a colonoscopias extremadamente cuidadosas y detalladas.

Cuando Olivia trajo a su prometido al BCMC, pidió que lo examinara el mejor médico. La mayoría de las personas que conocían la naturaleza chapucera del trabajo de Morelli eran los asistentes de enfermería y los técnicos, profesionales situados en los escalafones inferiores de la pirámide de poder del hospital. Por otro lado, Morelli tenía muchos amigos en la comunidad médica local y todas las personas con las que habló le recomendaron a Morelli.

—¡Mi prometido acaba de someterse a una colonoscopia con el Dr. Morelli y no ha encontrado nada! —me dijo con una sonrisa, como si me estuviera contando buenas noticias.

Debí ponerme pálido, porque su expresión cambió rápidamente. Me di la vuelta y cerré con llave la puerta de su despacho. Para cuando me hube sentado frente a su escritorio, había adivinado que tenía algo serio rondándome la cabeza.

—Olivia —dije—, no puedo resaltar lo suficiente, lo importante que es esto. Debes hablar con el Dr. Wes Brown. Pregúntale por el Dr. Morelli. También creo que sería buena idea que te hicieras con una copia de su informe del procedimiento y tomaras notas de la hora de inicio y la hora de finalización del procedimiento completo.

Olivia parecía sorprendida, pero acordó hacer lo que le había aconsejado. Habló con Brown y pidió copias del informe del procedimiento y del informe de la anestesia, y después los repasamos juntos. En las colonoscopias, el informe del procedimiento consigna una «hora de inicio» y una «hora de fin» literal, indicando la hora a la que la sonda entra en el cuerpo del paciente y la hora a la que sale. El informe del prometido de Olivia mostraba un intervalo de dos minutos entre la entrada y la salida de la sonda. No se puede hacer una colonoscopia en dos minutos. ¡Es imposible! De hecho, no se puede hacer ningún tipo de exploración médica en un periodo de tiempo tan corto. Era una negligencia y un fraude: mala praxis, simple y llanamente.

Cuando Olivia leyó el informe, se puso tan pálida como cuando yo supe que el Dr. Morelli era el que había realizado el procedimiento.

—¡Oh, Dios mío! —dijo—. ¡Oh, Dios mío, tenía razón! La colonoscopia solo duró dos minutos. ¾Olivia sabía que debía pasar a la acción, pero primero tenía que asegurarse de que su prometido obtenía el tratamiento que necesitaba de un médico digno de tal nombre.

Olivia lo llevó a otro proctólogo de otra ciudad. Tal y como ambos suponían, su prometido tenía pólipos, pero ninguno de ellos era maligno y se los extirparon todos.

Después de dejar atrás la crisis más inmediata, Olivia comenzó a pensar cómo podía detener al Dr. Morelli. Asumió la responsabilidad de empezar a hacer copias de sus procedimientos, guardando los vídeos en un disco duro externo personal sin su conocimiento. Fue muy cuidadosa con la cadena de custodia de esta información, ya que, si la hubiera compartido con alguien más, habría sido una violación de la confidencialidad del paciente. Sencillamente estaba reuniendo pruebas para una futura demanda interna.

Lamentablemente, el consejo de administración del BCMC estaba de lado de Morelli, al igual que en Canyon Meadows. El administrador del BCMC, Max López, era un especialmente partidario de Morelli y se aseguró de acallar las quejas y de barrer los problemas bajo la alfombra. Cuando Morelli y López descubrieron las grabaciones de Olivia, le ordenaron parar y le dejaron claro que estaba arriesgando su empleo si continuaba causando problemas a uno de sus médicos estrella. Olivia comenzó a sentirse incómoda trabajando en un lugar con esa clase de corrupción a nivel administrativo, ¿y quién podía culparla?

También hicieron desaparecer mi acción «qui tam», mi denuncia de irregularidades contra el Dr. Morelli. Su padre era un abogado federal con mucho poder y debo suponer que tenía muchos amigos en el gobierno federal. La demanda acabó barrida bajo la alfombra y el expediente sellado. Ni siquiera sé lo que hay en el expediente. Tengo prohibido legalmente ver su contenido, aunque yo iniciara el caso.

Hasta donde yo sé, Morelli nunca fue declarado culpable a pesar de los innumerables testigos que estaban deseando testificar contra él con pruebas indiscutibles. Tal vez hubo algún tipo de acuerdo por detrás, bajo cuerda, pero lo desconozco. Todo ello es un misterio corrupto.

CAPÍTULO VEINTICUATRO

La salida de Morelli

Por supuesto, cuando presenté mi demanda legal, el Dr. Morelli se desquició. Estaba totalmente fuera de sí e insultaba a todos los que tenía a su alrededor, incluyendo el personal del hospital. Un día, cuando algo empezó a salir mal en el quirófano, arrojó un escalpelo contra la pared, como si apuntara directamente a una diana, y gritó:

—¡Denme un puto escalpelo que corte, pedazos de mierda incompetentes!

Probablemente Morelli consiguió hacer desaparecer la demanda judicial «qui tam» con la ayuda de su padre, un abogado federal retirado. Estaba encolerizado porque alguien pudiera poner en duda su autoridad o intentara impedir que se comportara exactamente como le diera la gana. Estaba poniendo en peligro a los pacientes, algunos de los cuales estaban desesperadamente enfermos, pero se pavoneaba por el hospital como si fuera el emperador, gritando al personal siempre que no se salía con la suya.

Naturalmente, el temor hacia él del personal no hizo más que acrecentarse. Nadie se atrevía a desafiarlo; únicamente trataban de asegurarse de no estar en la misma habitación que él cuando volviera a estallar.

Asqueado por todo ello, intenté concentrarme en mis propios pacientes y hacer todo lo posible por ellos. Pero, cuanto más tiempo permanecía en Canyon Meadows, más complicado se volvía trabajar. «*¿Qué le pasa a esta ciudad?* —me preguntaba—. *La gente se muere a diestro y siniestro, pero nadie parece dispuesto a mover un dedo. ¿Qué clase de poder tiene sobre esa gente? ¿Hay algo en el agua potable?*».

Pronto tuve claro que todo era por el dinero. Chris Johns, el administrador con quien el Dr. Morelli tenía una relación pésima (hasta el punto de que habían llegado a las manos en un altercado en el estacionamiento del hospital), al final dijo basta. No pudo soportar más su conducta temeraria, peligrosa y carente de ética, así que se marchó.

El nuevo director ejecutivo que asumió el cargo no sabía lo que estaba ocurriendo y nadie lo informó. Si lo hubieran hecho, tal vez no habría aceptado el cargo. Pero estaba al mando, era nuevo y solo veía las cifras de las hojas de cálculo financieras. Desde su punto de vista, el Dr. Morelli era un jefe de Cirugía muy cualificado y respetado que realizaba un gran número de colonoscopias, y con ello conseguía una cantidad importante de dinero para el hospital. El nuevo director no iba a agitar las aguas, lo cual facilitó que Morelli pasara por encima de él y continuara con su conducta delictiva.

Dado que el nuevo administrador le permitía actuar con impunidad, el Dr. Morelli se sintió libre para buscar venganza contra mí por haber notificado sus actividades al consejo de acreditación medica de Arizona y haber presentado la acción «qui tam» contra él. Me veía como a un enemigo y estaba decidido a destruirme.

Morelli comenzó a abusar de su poder como jefe de Cirugía. Primero redujo el número de horas que yo podía disponer de un quirófano para mis pacientes, cambiando los horarios y los bloques de tiempo. También ordenó a la jefa de Enfermería y al director de personal que limitaran mi acceso al quirófano. Debido a la complejidad y el perfil alto de los casos en los que yo trabajaba, era el que más ingresos proporcionaba al hospital, y Morelli intentaba cortar ese flujo de ingresos debido a su animosidad personal.

Cuando aquello no fue suficiente para satisfacerlo, comenzó a eliminar mis casos del horario. El jefe de personal era el Dr. Singh, un buen amigo del Dr. Morelli. Otro paciente había venido a verme en relación a la operación de neovejiga ortotópica, pero el Dr. Morelli ordenó a Singh que cancelara la intervención... y Singh obedeció. Cuando comprobé el horario el día señalado, mi caso ya no estaba ahí. Creo que pensó que impidiéndome hacer la operación no solo me estaba castigando por interponerme en su camino, sino que también estaba poniendo a salvo su propio ego. Después de todo, ese era el procedimiento que me había convertido en una estrella en Canyon Meadows. Si me mantenía lejos del quirófano, él recobraría su estatus. Así es como funcionaba su mente enferma.

Pero no pensaba permitirle que me impidiera hacerlo, porque tenía un paciente en el que pensar. Fui inmediatamente a ver al nuevo administrador y pregunté:

—¿Qué diablos está pasando aquí? Me están excluyendo del quirófano. He realizado esta operación muchas veces aquí y nunca me he tenido que enfrentar a esta clase de comportamiento. —Entonces le di un ultimátum—: O hace algo con ese cirujano perverso o me voy por la puerta con mis pacientes.

La respuesta que obtuve fue incluso menos que insatisfactoria: el equivalente burocrático a una mirada vacía. Al nuevo administrador le aterrorizaba adoptar una postura clara o arriesgarse a granjearse enemigos, incluso a la luz de lo que a mí me parecían pruebas abrumadoras de la conducta peligrosa y corrupta del Dr. Morelli. El director no estaba dispuesto a atenerse a razones y dar los pasos necesarios para proteger a los pacientes.

No tuve elección, así que fui a Canyon Meadows y les dije:

—Se acabó. Voy a trasladar a todos mis pacientes a BCMC. —Y eso es exactamente lo que hice. Tomé al paciente con cáncer de vejiga, cuya operación habían cancelado Singh y el Dr. Morelli, y lo transferí al BCMC, donde realicé la intervención de vejiga ortotópica sin ningún problema.

Inmediatamente, los focos que habían estado puestos en mí en Canyon Meadows comenzaron a brillar en el BCMC. Los pacientes a los que estaba tratando me siguieron a BCMC y también acudieron pacientes nuevos, atrayendo nuevos ingresos en el proceso. Los administradores del BCMC me adoraban. Había trabajado allí de vez en cuando durante meses, asesorando en casos y trayendo pacientes cuando no había camas o quirófanos disponibles en Canyon Meadows. Sabían exactamente la clase de cirujano que era y estaban decididos a hacerme tan feliz como fuera posible, así que me permitieron hacer la clase de trabajo de calidad que los haría quedar bien y atraería más pacientes.

En Canyon Meadows el reino del terror del Dr. Morelli continuaba y, de hecho, incluso parecía haber empeorado. Pero sus ingresos sufrieron un severo revés sin mí allí para atraer a los pacientes ricos que necesitaban la clase de operaciones complicadas que ahora realizaba en el BCMC. No mucho después comenzaron a despedir a trabajadores y empecé a recibir llamadas telefónicas de miembros del consejo de administración y de médicos.

—Tiene que volver, por favor —me dijeron. Estaban al borde del pánico.

—No pienso acercarme a ese lugar —respondí—. No si ese perverso hijo de perra sigue en el edificio. No pienso estar en el mismo hospital que ese tipo. —No era únicamente por nuestra enemistad personal. Mientras la presencia del Dr. Morelli fuera tolerada en Canyon Meadows, no me parecía que ese hospital fuera un lugar seguro para mis pacientes. El hecho de que le hubieran permitido practicar la medicina durante tanto tiempo conociendo todas las pruebas de mala praxis y conducta indebida demostraba que era una institución que necesitaba mucha ayuda si querían recuperar su reputación alguna vez.

En algún momento debieron darse cuenta de esto mismo, porque la administración de Canyon Meadows finalmente tomó la decisión de librarse de Morelli, y lo hicieron de un modo agresivo y humillante públicamente.

Teniendo en cuenta su arraigada y bien merecida reputación de violencia, llamaron a la policía local antes de informarlo de su despido. Lo despidieron de su puesto de jefe de Cirugía y abandonó las instalaciones del centro médico Canyon Meadows escoltado por la policía. La empresa matriz del hospital, Careline Health, le prohibió volver a poner un pie en ninguna de sus propiedades. Poseían dos hospitales en la zona, Canyon Meadows y el centro médico Lake Regional en Lake Havasu, Arizona, en el cual yo también tenía derechos de personal. Un miembro del consejo de administración me llamó y me dijo:

—¡Dr. Panvini, nos hemos librado del cáncer y lo necesitamos de vuelta aquí!

Por breves instantes, me sentí victorioso. El Dr. Morelli, que era un peligro real para los pacientes y una persona horrible con la que trabajar, había sido despojado de su autoridad y había desaparecido del hospital. Pero lo que sucedió a continuación fue probablemente aún más asombroso. Sin tener otro sitio al que ir, se dirigió al BCMC... ¡y lo contrataron!

Olivia, la jefa de Enfermería del BCMC, y yo habíamos trabajado un tiempo juntos, y casi nos desmayamos al oír la noticia. Inmediatamente decidimos que era hora de irse, así que ella se mudó al Medio Oeste.

Afortunadamente, el consejo de administración de Canyon Meadows ya había entablado conversaciones conmigo. Se pusieron en contacto conmigo en cuanto lo despidieron.

—Dr. Panvini —me dijeron—. Usted ha sido un miembro muy valioso de nuestro personal y deseamos enormemente que regrese. —Me ofrecieron el puesto de jefe de Cirugía en Canyon Meadows mediante votación unánime para que regresara. A mi vuelta, comprendí rápidamente que había una cantidad tremenda de trabajo que hacer para limpiar el desorden que el Dr. Morelli había dejado tras él. Era casi como si hubiera plantado intencionadamente minas terrestres que explotarían cuando el hospital tuviera que pasar por el proceso de reacreditación. Había eliminado todos los protocolos para los procedimientos en el quirófano y había destruido las actas de las reuniones de cirugía del año anterior, y en general dejó un ambiente muy tóxico. Y había mucho más.

CAPÍTULO VEINTICINCO

Un comité como ningún otro

El Dr. Morelli había provocado un desastre tal en el centro médico Canyon Meadows mientras fue jefe de Cirugía que el hospital corría el peligro de perder su acreditación. Los hospitales de todo Estados Unidos reciben su acreditación de la Comisión Conjunta, anteriormente conocida como Comisión Conjunta de Acreditación de Organizaciones Sanitarias, una organización independiente sin ánimo de lucro. La acreditación y certificación de la Comisión Conjunta están reconocidas en todo el sector del cuidado de la salud como un reflejo fiel del compromiso de un hospital con la calidad y un elevado nivel de desempeño.

Después de varios años soportando la mala praxis y la incompetencia de Morelli, el departamento de Cirugía estaba tan fuera de control que me vi obligado a reestructurarlo para conseguir que funcionara de la forma que debía hacerlo.

Una de mis habilidades es la resolución de problemas. Cuando me enfrento a una dificultad, medito sobre ella y visualizo todos los factores implicados en mi análisis. Es como asegurarse de que todas las piezas de un puzle encajan perfectamente. Tengo que moldear mi mente y comprender totalmente el problema antes de llegar a una solución. Primero analicé todas las cuestiones que debían abordarse y llegué a un denominador común, que era la comunicación. Entonces me senté con todos los jefes de departamento y les pregunté qué pensaban que debía arreglarse. Finalmente, tuve en cuenta todas las aportaciones antes de desarrollar mi línea de acción definitiva.

Decidí que, para avanzar, sería de vital importancia mantener abiertas las líneas de comunicación, y apliqué mi experiencia en el BCMC, donde había dirigido el Comité de Seguridad Quirúrgica. Formé lo que denominé el Comité de Seguridad del Paciente en Quirófano, el cual incluía representantes de todos los departamentos del hospital, desde el director hasta el departamento de Administración, el departamento de compras, mantenimiento, personal de enfermería, personal de quirófano, el departamento de Patología, el departamento de Radiología, etc.

Como dije anteriormente, los hospitales son organizaciones complejas y un problema en un departamento puede convertirse rápidamente en un problema para otros departamentos y, en última instancia, para todo el hospital. Mi solución fue reunir a todo el mundo para dar respuesta a los problemas tan rápido como surgieran. Esto garantizaría que todos tenían voz en el asunto y que se aceptarían buenas ideas, independientemente de donde provinieran. También conseguiría que el sistema funcionara con mayor rapidez, porque no tendríamos que esperar a que surgieran los problemas para crear un comité que se encargara de ellos y luego los trasladara a otro comité. Tendríamos un foro de discusión abierto con todo el mundo reunido en una sola sala.

No transcurrió mucho tiempo hasta que surgió una situación grave. El Dr. Paul Assad, un cirujano vascular en plantilla, había realizado una operación a un paciente para reparar un aneurisma de aorta abdominal, lo que se conoce como una AAA. La aorta abdominal es un vaso muy importante que suministra sangre a los órganos abdominales y a las piernas. El aneurisma se produce cuando las paredes de la arteria se debilitan y comienza a deformarse hacia afuera. La operación implica abrir el abdomen del paciente y coser un injerto prostético en la aorta para extirpar la protuberancia y permitir un flujo saludable de sangre hacia las piernas.

El Dr. Assad me llamó durante la intervención y me dijo:

—Dr. Panvini, estoy cerrando al paciente y tenemos una discrepancia en el recuento de gasas.

Una gasa quirúrgica es un pequeño paño absorbente con un alambre radiográfico que puede verse con rayos X, y se usa para envolver órganos y apartar las cosas para que no molesten mientras se realiza la operación. Las gasas son blancas y tienen una etiqueta azul cosida en una esquina que se extiende por un borde. Cuando un equipo quirúrgico finaliza una operación, cuentan cuidadosamente todo lo utilizado durante la intervención para asegurarse de que no se dejan nada dentro del paciente. Si faltaba una gasa quirúrgica, casi con toda certeza estaba en el abdomen del paciente y debía extraerse.

—¿Ha comprobado el retroperitoneo? —pregunté, refiriéndome al área posterior a la aorta. Como urólogo, tuve que hacer dos años de Cirugía General y me había encontrado en una situación parecida muchas veces.

—Deje que lo compruebe —respondió.

—¿Qué mostraban los rayos X? —Los pacientes son sometidos a rayos X después de las operaciones para ver si alguien se ha dejado algo.

Me dijo que los rayos X estaban limpios, pero le pedí que ordenara a las enfermeras que hicieran otra prueba, solo para asegurarnos.

Me volvió a llamar después de los segundos rayos X. No mostraban nada, pero seguía habiendo una discrepancia en el recuento: faltaban dos gasas. Decidimos cerrar al paciente.

Unas semanas más tarde, el paciente ingresó en el BCMC. Wes Brown, el cirujano que lo iba a operar, me llamó para preguntar si sabía algo del paciente, ya que había estado antes en Canyon Meadows. Cuando reconocí que sí, Wes me pidió que le contara lo que pudiera.

—Hazme un favor, Wes —le dije—. Hazle un TAC al paciente y llámame.

Cuando volvimos a hablar, me dijo que el TAC era negativo y no mostraba nada fuera de lo normal.

—Escucha, Wes —le dije—, hubo una discrepancia en las gasas con este paciente. Te sugiero que lo vuelvas a explorar y mires a ver si encuentras algo. Yo prestaría especial atención al retroperitoneo, pero yo soy urólogo. Tú eres el cirujano.

Después de abrir al paciente, Brown se puso en contacto conmigo de nuevo. Había encontrado dos gasas quirúrgicas en la cavidad abdominal de aquel hombre ocultas en el retroperitoneo.

Sabía que eso significaba que teníamos un problema porque nos arriesgábamos a una demanda de consideración.

—Wes, quiero que confisques esas gasas —dije—. Llévalas a rayos X y después envíamelas por favor a Canyon Meadows. Vamos a celebrar una reunión sobre este caso hoy mismo.

Nos llegaron las placas de rayos X del BCMC y no mostraban ninguna evidencia de marcadores radiográficos. Estaba asombrado. ¿Cómo podía ser? Las gasas quirúrgicas deben contener marcadores radiográficos, que son pequeños alambres metálicos fáciles de localizar con una máquina de rayos X.

En la reunión del Comité de Seguridad en Quirófano de Canyon Meadows, con todos los departamentos presentes, hice que el Dr. Assad contara de nuevo la historia de la operación de principio a fin. Entonces las enfermeras dieron su punto de vista. Después de que hablaran, mientras los demás departamentos daban su opinión, pedí a las enfermeras que fueran al almacén del hospital y trajeran muestras de gasas quirúrgicas de todos los meses del año anterior, tomaran imágenes de rayos X de las gasas y las trajeran a la reunión. Así lo hicieron.

El radiólogo leyó los resultados en la reunión con todos presentes. Unos cuatro meses antes de la operación del Dr. Assad, las gasas quirúrgicas habían dejado de contener marcadores radiográficos.

Miré al representante del departamento de Administración y pregunté:

—¿Qué hicieron diferente a partir de mayo de 2012?

Este pasó la pregunta al representante de Compras, el cual respondió:

—Comenzamos a comprárselas a una empresa china.

—¿Por qué? —pregunté.

—Nos ofertaron un descuento mejor que el que nos podían dar las empresas estadounidenses.

—Bien, ya se ve por qué —respondí. Hasta ese mes, todas las gasas quirúrgicas tenían marcadores radiográficos y, en cuanto se empezaron a usar las suministradas por la empresa china, ya no había marcadores. Se trataba de un asunto de seguridad del paciente y debía resolverse inmediatamente.

Establecí nuevos protocolos para poder usar los materiales que teníamos a mano, incluyendo el uso de escaneados TAC como método adicional para asegurarnos de que no se dejaba nada en el interior de los pacientes. Entonces emití mi juicio sobre el incidente:

—No veo ningún problema con lo realizado por el cirujano, el personal de Enfermería, la Administración o el departamento de compras. La culpa recae sobre la empresa china a la que le compramos esas gasas quirúrgicas. —Con eso, di por terminada la reunión.

Tan pronto como lo hice, todos los presentes en la sala se levantaron y me dedicaron una ovación. Había salvado el empleo de varios empleados y había evitado una demanda que podía haber sido muy importante. Habíamos llegado a una solución en una sola reunión, determinando la naturaleza exacta del problema e implementando medidas preventivas. El sistema había funcionado exactamente como esperaba.

Poco después de aquello, varios representantes de la Comisión Conjunta vinieron a inspeccionar el Canyon Meadows y examinaron exhaustivamente todo el hospital. Yo había limpiado todo lo que había podido y no preveía ningún problema. Pero, cuando recibí una llamada de Administración diciéndome que los de la Comisión Conjunta deseaban reunirse conmigo, me puse nervioso.

—De acuerdo —dije—. Dígales que vengan a mi despacho. —Tenía un día muy ajetreado y había unos cuantos pacientes cuando aparecieron. Todos ellos lucían el mismo corte de pelo y llevaban traje negro, camisa blanca y corbata negra, exactamente igual que en la película *Los hombres de negro*.

Cuando salí de una de las salas de exploración y los vi a todos ellos sentados en silencio en mi despacho, comencé a temblar ligeramente. Tan calmado como fui capaz, me presenté.

—Soy el Dr. Panvini, jefe de Cirugía. Encantado de conocerlos.

Se levantaron y se presentaron, pero estaba demasiado nervioso para recordar sus nombres.

—¿Qué puedo hacer por ustedes? —pregunté.

—Dr. Panvini —dijo uno de ellos—, cuando hemos analizado su hospital para volver a acreditarlo, nos hemos topado con algunos asuntos muy esclarecedores.

En silencio, pensé: «*Ay, Dios mío, ¿qué demonios ocurre ahora?*».

El hombre continuó.

—Después de leer las actas de su reunión del Comité de Seguridad del Paciente en Quirófano, queríamos decirle que, en todos los años que hemos trabajado en el sector, nunca habíamos visto un comité tan innovador, dinámico y rápido a la hora de llegar a una resolución.

Yo estaba emocionado. La Comisión Conjunta llevaba haciendo ese trabajo alrededor de veinticinco años.

Me dijo que las actas de la reunión del mes anterior se leían como una novela de Michael Crichton.

—Queremos que sepa que, por la creación de ese comité, recibirá un premio de reconocimiento de la JCAHO.

Intenté mantener la calma y broméé.

—Ah, de acuerdo, pero ahora no me va a servir la gorra.

—También queremos que sepa que, por la creación de ese comité, Careline Health también recibirá un premio de JCAHO. Por supuesto, también se han cumplido los niveles de calidad para la acreditación. El hospital volverá a recibir su acreditación porque no hemos encontrado ninguna infracción.

Les di las gracias profusamente. Fue bastante halagador. Continuaron alabándonos al Canyon Meadows y a mí, diciendo que en toda su experiencia en el sector nunca habían visto un comité de esa naturaleza. El Comité de Seguridad del Paciente en Quirófano se replicaría en todos los hospitales del país, y pensaban que era el comité más dinámico con el que se habían encontrado y era exactamente lo que buscaban.

Finalmente nos estrechamos la mano, se fueron y yo regresé a mi consulta con los pacientes. Una hora o así más tarde, recibí una nota convocándome a la sala de juntas inmediatamente. Al igual que anteriormente, me dije: *«Vaya, mierda, ¿qué demonios habrá ocurrido ahora?».*

—Necesito que reprogramen las citas de mis pacientes —dije a mi personal—. Tengo que ir a una reunión administrativa de emergencia. —Mientras caminaba hacia la puerta del hospital, me preguntaba qué había pasado por alto que pudiera generar preocupaciones con la reacreditación. Al acercarme a la sala de juntas, no vi a nadie por los pasillos. Abrí la puerta, pero la sala estaba a oscuras, así que encendí las luces. Había gente de todos los departamentos de Canyon Meadows con botellas de champán que me echaron por encima para celebrarlo.

Ese fue el punto álgido de mi carrera en muchos sentidos. Estaba verdaderamente orgulloso de conseguir esa clase de efecto en una organización tan grande como Canyon Meadows y de saber que, desde ese momento en adelante, los pacientes estarían más seguros y el sistema sería más eficiente. No hace falta decir que, después de aquello, el hospital ha mantenido siempre su excelente desempeño.

CAPÍTULO VEINTISÉIS

Las cosas no son lo que parecen

Cuando me vi obligado a abandonar Nevada en 2010, después de ser acusado de drogadicción por mi exesposa y sufrir una lesión en la columna que estuvo a punto de dejarme paralizado permanentemente, cerré mi consultorio precipitadamente. De hecho, tuve que confiar en mi personal para que se ocupara de toda la logística en mi lugar, ya que me encontraba inmovilizado en una cama del hospital.

Más de un año más tarde, las cosas iban mucho mejor. Me las había arreglado para escapar de la influencia perversa del Dr. Morelli y estaba ganando premios por mi trabajo en el centro médico Canyon Meadows. Estaba levantando un consultorio de éxito en otro estado y las cosas parecían ir mejor. Por desgracia, mis acreedores comenzaron a acosarme como tiburones.

La empresa a la que le había alquilado el local para el consultorio en Nevada presentó una demanda contra mí por valor de 250.000 dólares por incumplimiento de contrato de alquiler, y no eran los únicos a los que debía dinero. Cuando conseguí volver a establecerme en Arizona, había pedido prestado cerca de un millón de dólares a amigos y familiares para empezar mi consultorio, contratar personal y comprar el equipamiento y los materiales que me permitirían hacer mi trabajo. También había pedido prestados 400.000 dólares al centro médico Northern Nevada, aunque más adelante se me perdonó esa deuda después de trabajar allí por un periodo de tiempo acordado por contrato.

Con la presión de cancelar esas deudas, intenté conseguirlo tan rápidamente como pudiera, pero al final todo llegó a un punto crítico. Mi antiguo arrendador de Nevada había presentado una demanda y mi exesposa estaba acechando de nuevo como un buitre. Había interpuesto una demanda falsa sobre el pago de la manutención de los hijos que incluía una orden falsa de arresto contra mí y estaba haciendo todo lo posible para destruir mi reputación, como de costumbre. Pero al final todo aquello fue desestimado por el fiscal de Indiana.

Entonces ocurrió lo peor que podía suceder, algo que ni siquiera yo podía haber predicho. Chelsea se alió con los Morelli y comenzaron a acosarme juntos, e incluso atrajeron a Natasha a su lado. Ella, por su parte, comunicó esta información a mi padre, y así es como descubrí la confabulación. El Dr. Morelli le dijo a mi hija que yo era un ladrón y un delincuente, y que iba a ir a la cárcel para el resto de mi vida. No había visto a Natasha desde que se presentaron los papeles del divorcio, y Chelsea, por supuesto, la había estado envenenando contra mí todo ese tiempo. Oír algo así no podía sino empeorar nuestra relación, ya de por sí tensa.

Antes de que transcurriera mucho tiempo, apenas era capaz de ver una salida, atrapado como estaba bajo una montaña de deudas. No era humanamente capaz de ver suficientes pacientes o trabajar suficientes horas para cubrir la diferencia. Finalmente me dije: *«Estoy enterrado en deuda, así que será mejor empezar de cero»*. Decidí declararme en bancarrota con la intención de liberarme de mis deudas profesionales, pero también para deshacerme de lo que le debía a Chelsea. Sabía que, para empezar, la cantidad se había fijado incorrectamente porque el juzgado había calculado mal mis ingresos. Querían que pagara una cantidad de dinero absolutamente irracional por el acuerdo de divorcio y la manutención de los hijos, sin tener en cuenta el daño que Chelsea había causado a mi capacidad para ganar dinero. Mi abogado de entonces me aseguró que eso se podía hacer.

Mientras tanto, también tenía un procedimiento judicial en marcha contra el Dr. Morelli. Había presentado una demanda contra mí, culpándome de difamación y calumnias por todas las cosas que yo había revelado sobre su mala praxis médica, chapucera y peligrosa. Su demanda nunca habría prosperado porque, cuando presentas una demanda «qui tam», tienes inmunidad. Pero, cuando me declaré en bancarrota, Morelli sacó a colación nuestros conflictos con su demanda en mi proceso de bancarrota, declarándose acreedor mío y convirtiendo todo el asunto en un circo de tres pistas. Estaba claro que se había informado por mi exesposa de que iba a declararme en bancarrota, ya que ella era una de mis acreedoras.

Morelli y su esposa se aliaron con mi exesposa y mi hija, e intentaron implicar a la policía y plantear conflictos legales de otros estados. Al parecer, intentaron contactar con todas las personas que me habían conocido en algún momento, tratando de desenterrar trapos sucios y dañar mi reputación. Se pusieron en contacto con mis colegas médicos, mi madre y mi padre, mis hermanas, amigos y otros familiares... e incluso con mi mejor amigo, Doug, de Nueva York.

Uno de mis abogados me proporcionó este mensaje:

> Comentarios: Estimado abogado Gorsky: El Dr. Dino Panvini lo ha nombrado como acreedor en su declaración de bancarrota por la cantidad de 5.000 dólares. También ha nombrado a mi marido, el cual tiene una demanda civil pendiente contra el Dr. Panvini. Al revisar la petición de bancarrota del Dr. Panvini, he encontrado algunos datos incoherentes. Si esta cantidad es incorrecta o no existe, me pregunto si podría enviar un correo electrónico al administrador judicial, a la dirección glopinsky@7trustee.net. Muchas gracias por su tiempo. Margaret Morelli

Así es como le respondió:

> Estimada Sra. Morelli: Me temo que no podré responder a su pregunta. Desde mi punto de vista, la pregunta que usted formula, si la respondo, violaría el privilegio que existe entre un abogado y su cliente. Alan Gorsky, abogado.

Todas estas personas me notificaron lo que estaba sucediendo. Sé que todo se basaba en información que habían recibido de Chelsea, porque ella sabía quiénes eran mis amigos. Estaban pintando un retrato de mí para el tribunal y para las personas que me conocían, como si fuera un criminal que estaba destinado a la cárcel.

Los Morelli me acusaron de fraude en la declaración de bancarrota y de ser un fugitivo de la justicia del estado de Indiana. Durante el interrogatorio, Margaret Morelli me preguntó si poseía un arma. Respondí que sí, y que la guardaba en mi casa. Me lo preguntó en la reunión entre los acreedores y Connor Truman, el abogado de mi exesposa, con quien se habían aliado los Morelli. Yo vivía en territorio tribal de los nativos americanos y, según la ley federal, los nativos americanos que viven en las reservas no tienen permitido poseer armas de fuego. Pero las armas de fuego son perfectamente legales para otros estadounidenses que vivan allí, especialmente con un permiso para arma oculta (CCW). De hecho, el 95 por ciento de los estadounidenses no nativos americanos que viven en territorios tribales poseen armas.

Pero los Morelli lo retorcieron tan alocadamente que la policía llamó a mi puerta en mitad de la noche. Entonces procedieron a registrar la casa, poniéndolo todo patas arriba.

—¿Qué buscan? —pregunté.

—Un arma —me dijeron.

—Les mostraré el arma, y también mi CCW. —Cuando lo hice, me confiscaron el arma porque, según ellos, no tenía permitido poseerla, y me entregaron una citación judicial.

Los cargos habían sido presentados por la policía tribal del condado de Mohave. Hablando más tarde con Richard Yella, el jefe de la policía tribal, supe que era muy amigo de los Morelli y a menudo cenaba con ellos. Además, Margaret Morelli trabajaba como una especie de pseudoasistente judicial no remunerada para Connor Truman. Cuando le pedí al jefe que retirara los cargos, se negó a hacerlo.

Más tarde consulté a varios jueces y verifiqué que la ley solo es de aplicación a los nativos americanos que viven en las tierras tribales, no a otros ciudadanos estadounidenses. Es más, esa ley tiene cien años y pertenece a la época de indios y *cowboys*, cuando se redactaron los tratados de paz. No tenía nada que ver con mis derechos como ciudadano estadounidense, máxime cuando tenía un CCW. La policía tribal de Mohave violó mis derechos constitucionales como ciudadano estadounidense. Todo esto sucedió en 2013, después de que el Dr. Morelli fuera despedido del hospital.

El Consejo Médico de Nevada comenzó a realizar consultas sobre ese asunto y no tuve más remedio que responder. De algún modo, Truman y los Morelli conocían a alguien del consejo, y me sancionaron por haber sido multado por la policía tribal por poseer un arma de fuego, a pesar de que tenía un CCW. Entonces empezaron a decirle a la gente que me habían arrestado por posesión ilegal de un arma de fuego, divulgando estos rumores entre mis médicos de referencia. Obtuvieron el efecto deseado: poco a poco, otros médicos comenzaron a hacer preguntas sobre mí y algunos nunca se pusieron en contacto conmigo para descubrir la verdad. El Dr. Morelli y su esposa estaban usando la estrategia de intentar expulsarme de la ciudad.

Los Morelli incluso presentaron una queja contra mí en el Departamento de Salud y Servicios Humanos, alegando que había desvelado ilegalmente información médica privada de los pacientes. Mientras tanto, *ellos* estaban intentando hacerse con *mi* información médica privada para usarla contra mí. Mi abogado, que no era tan inteligente como yo necesitaba que fuera, intentó estudiar las leyes HIPAA de aplicación en el caso, como si hubiera alguna circunstancia por la cual mi historial médico pudiera ser divulgado a esas personas.

—Escuche —le dije—, la información sobre mi salud es privada, no es información pública. Está protegida por las leyes federales a través del Departamento de Salud y Servicios Humanos. ¿No lo entiende, idiota?

Me respondió que tenía que estudiar esas leyes porque no estaba familiarizado con ellas. A veces me sentía como si tuviera que enseñar a mi abogado cómo hacer su trabajo.

En junio de 2013 viajé a Italia para dar una conferencia con mi padre, que estaba discapacitado y confinado a una silla de ruedas tras una amputación, además de requerir oxígeno para respirar a través de su traqueotomía. Dimos una conferencia sobre varios temas relacionados con las hernias, y yo hice una presentación en Caserta con las últimas tendencias en prostatectomías láser. Cuando regresábamos a Estados Unidos, un agente de Aduanas nos detuvo por algo que a día de hoy aún no comprendo. Era obvio que el Dr. Morelli había usado la influencia de su padre como abogado federal y había movido algunos hilos para amargarme la vida.

Mi padre se encolerizó y pensé que le iba a dar un ataque al corazón.

—Cálmate, por favor —le dije—. Llegaré hasta el fondo de este asunto.

Entonces le expliqué al agente de Aduanas que había personas que estaban haciendo declaraciones falsas contra mí. Miró la pantalla de su computadora y verificó lo que le estaba diciendo. Estaba confuso por lo que leía en la pantalla, pero, después de arduas discusiones, comprendió que lo que veía en la pantalla no tenía ningún sentido, aunque de algún modo me hubieran puesto una alerta en Aduanas. De cualquier modo, los agentes de Aduanas registraron nuestro equipaje, al parecer buscando drogas. No encontraron nada, por supuesto, y después de habernos detenido durante horas, nos dejaron ir.

Tanto mi padre como yo estábamos furiosos. Entonces fue cuando comprendió realmente lo que me estaba pasando y las dificultades que me estaba provocando mi exesposa. También durante ese viaje a Italia, por fin asumí que mi abogado era totalmente incompetente. Así que lo despedí y contraté otro bufete de abogados, Hanson, Lawson & Kaplan. Lo que sucedió a continuación me convenció de que Morelli también los había sobornado o los tenía en su bolsillo por otros medios.

—Me están molestando a diario con denuncias falsas que interfieren en todos los aspectos de mi vida —les dije a mis abogados—. Tienen que hacer algo al respecto de estas interrupciones constantes y concluir el proceso de bancarrota de una vez por todas.

Les expliqué lo que deseaba conseguir y me aseguraron con confianza:

—Claro, nos ocuparemos de ello. —Sin embargo, no mucho después me comunicaron que no se podían extinguir los pagos a mi exesposa.

—¿Qué? —dije—. Mi anterior abogado me dijo que podía hacerse.

—Bueno, pues se equivocaba —contestaron. Así que tuve que abandonar toda esperanza de condonar esos pagos. Los eliminé del expediente de bancarrota y me concentré en el resto de mis deudas.

Mientras tanto, los procedimientos del tribunal de declaración de bancarrota se volvían cada vez más extraños, ya que el Dr. Morelli y su esposa me lanzaban una cosa tras otra. Se estaba convirtiendo en un espectáculo verdaderamente humillante. El punto más bajo fue cuando Margaret asistió a una reunión de acreedores con una de mis antiguas pacientes, Emily Pitt. Acudió como esposa y representante del Dr.

Morelli, alegando que yo había presentado una demanda legal falsa ante el gobierno federal que había dañado la reputación del Dr. Morelli. Así, a Margaret se le dio la oportunidad de formular preguntas en la reunión de acreedores, confabulada con Connor Truman, el abogado de mi exesposa.

Había tratado a Emily Pitt de un cáncer invasivo de vejiga y, sin la operación, habría muerto. Le había ofrecido extirparle quirúrgicamente el cáncer y construirle una neovejiga ortotópica usando el procedimiento descrito anteriormente. Poco después de operarla, regresó al consultorio para decirme que estaba inmensamente agradecida por todo lo que había hecho por ella. Citando sus propias palabras, le había regalado «toda una nueva vida». Había perdido peso, lo que mejoraba la imagen que tenía de sí misma, e incluso le había curado un problema que tenía al andar porque sufría una deficiencia de ácido linoleico que interfería con la transmisión de los impulsos nerviosos y le dificultaba el caminar.

Ese día en el consultorio me dio una tarjeta.

—No tiene por qué hacerlo —respondí, dándole las gracias rápidamente porque estaba muy ocupado. Entonces guardé la tarjeta en mi escritorio y no volví a pensar en ello.

Unas dos semanas más tarde, me encontraba en medio de un día típicamente ajetreado, viendo a un paciente tras otro. Entonces Betty, que gestionaba mi horario de quirófano, entró para decirme que Emily Pitt estaba en el consultorio... y quería que le devolviera la llave.

—¿Llave? ¿Qué llave?

—La llave que estaba en la tarjeta que le dio —dijo Betty.

Cuando volví a pensar en su anterior visita, recordé que había puesto la tarjeta en algún lugar de mi escritorio. Con la ayuda de Betty, la encontré al fondo de un cajón. La tarjeta decía: «Para mi caballero de reluciente armadura», y abajo Emily había escrito su dirección, el tipo de auto que poseía y su número de teléfono. Y, con toda seguridad, había una llave de una casa metida dentro de la tarjeta.

Casi me echó a reír en voz alta. Volviéndome hacia Betty, pregunté:

—¿Se lo puede creer? —Estaba tan asombrada como yo.

Esta clase de cosas les suceden mucho a los médicos: pacientes que desarrollan una fijación malsana. Es algo contra lo que siempre hay que mantener la guardia alta y, por supuesto, tienes que comportarte de forma moralmente correcta y nunca abusar de tu posición. Las historias de médicos que abusan sexualmente de sus pacientes siempre me entristecen, no solo por las personas implicadas sino también porque arrastran a toda la profesión médica. Como ya he dicho, los Panvini hemos sido médicos durante siglos y para mí es algo más que un trabajo, es una vocación.

—Quiero que escanee esto inmediatamente y lo guarde en el EMR —le dije a Betty—. Después deje la tarjeta con su historial, pero devuélvale la llave. —Eso hizo, y Emily se fue.

Meses más tarde, los Morelli y Connor Truman, junto a Veronica Fischer usaron a Emily Pitt como si fuera un peón. Hicieron falsas acusaciones ante el Consejo Médico de Arizona, alegando que la había molestado sexualmente y había tenido una aventura con ella.

Las alegaciones fueron desmentidas fácilmente porque Susan, mi enfermera, siempre había estado presente en las consultas con Emily Pitt. Susan estaba fascinada por las operaciones que yo realizaba, y siempre hacía preguntas y prestaba atención a cómo mejoraban nuestros pacientes.

Cuando llegamos a la vista oral, el examinador del Consejo nos formuló a Susan y a mí una serie de preguntas. También tenía una carpeta llena de documentos proporcionados por mi abogado que probaban que todas las acusaciones eran falsas.

El examinador del consejo me preguntó:

—Cuando exploró a la Sra. Pitt, ¿qué buscaba exactamente?

Respondí que le había hecho una neovejiga, así que había tenido que evaluar la incontinencia postoperatoria.

—Y cuando la exploró por la incontinencia ¿qué hizo exactamente?

Respondí que había colocado a la paciente en posición de litotomía. Después le había abierto los labios con la mano izquierda mientras me protegía con la mano derecha a causa de la posible incontinencia y le había pedido que tosiera.

—¿Dónde estaba su enfermera en ese momento? —preguntó el examinador.

—Estuvo a mi derecha en todo momento, justo detrás de mí —respondí.

—¿Hubo algo inapropiado en su exploración de la paciente?

—En absoluto —respondí—. La exploración indicaba que había una ligera incontinencia por presión que debía abordarse con un *mini sling* uretral.

Entonces el examinador interrogó a mi enfermera.

—¿Estaba usted presente cuando el Dr. Panvini examinó a Emily Pitt?

—Siempre estoy presente cuando el Dr. Panvini examina a todos los pacientes, y especialmente si son mujeres —respondió Susan—. Sí, estuve presente en todo momento mientras examinaba a Emily Pitt.

—¿Hubo algo anormal durante la exploración del Dr. Panvini?

—No, nada, excepto que descubrió que tenía incontinencia al toser, lo cual es normal después de este tipo de operación.

—¿Así que asegura que Emily Pitt está mintiendo cuando declara que el Dr. Panvini la molestó sexualmente?

—Totalmente —replicó Susan—. El Dr. Panvini nunca le hizo nada inapropiado a Emily Pitt durante su evaluación, y yo estuve presente en todas las visitas. ¿Puedo mostrarle la tarjeta?

—¿Qué tarjeta? —preguntó el examinador.

Con un sentimiento obvio de emoción y orgullo, Susan abrió la carpeta justo por la tarjeta y le mostró al examinador lo que Emily había escrito en ella.

—Ya ve —explicó Susan—, esta paciente está loca. Estaba obsesionada con el Dr. Panvini.

El examinador leyó la tarjeta y dijo:

—¡Vaya! De acuerdo, creo que esto responde a la cuestión.

Así que, cuando Truman y Emily Pitt presentaron su queja al Consejo de Acreditación Médica de Arizona alegando que la había molestado sexualmente, fui allá con Susan y mi abogado, William Condor, y aclaramos todas las alegaciones en una sola reunión. En cuanto les enseñamos la tarjeta, se desestimaron todos los cargos presentados por Emily Pitt sin posibilidad de volver a presentarlos.

Yo sabía que no había nada en todo aquello, pero muchos médicos han perdido sus licencias por acusaciones falsas. Hasta entonces no había comprendido lo profundamente que Emily estaba implicada con el Dr. Morelli. Cuando Margaret y Truman la llevaron a la reunión de acreedores, pensé: «*De acuerdo, las cartas sobre la mesa*».

Esa no fue la última vez que supe de Emily. Una vez se hubo puesto en contacto con Connor Truman, la historia dio un giro de ciento ochenta grados. Entonces presentó una demanda por mala praxis contra mí por haber sufrido una incontinencia suave después de haberle reconstruido la vejiga, todo ello guiada por Truman. Por supuesto, yo le había informado desde el principio que ese era un posible efecto secundario. De hecho, había planeado construirle un cabestrillo pélvico que habría resuelto el problema. Sin embargo, cuando mostró afecto hacia mí dándome la tarjeta y la llave de su casa, me vi obligado a dejar de atenderla como paciente. Para evitar incluso la apariencia de que había algo inapropiado, le dije que buscara otro médico. El médico que eligió realizó la intervención del *mini sling* y se resolvió su incontinencia.

Conocí a Connor Truman cuando representaba a Chelsea en la reunión con mis acreedores. Era un hombre alto y obeso, con cabello castaño oscuro y una actitud sarcástica. Fíjense que era un abogado de bancarrotas tratando de actuar como abogado especializado en mala praxis. Yo seguía intentando resolver el proceso de bancarrota y eliminar los pagos a mi exesposa, y ellos habían ido a conseguir que fuera imposible.

Entonces Truman se alineó con los Morelli y fueron a por mí como buitres. Contrató a Margaret como testigo experto profesional contra mí, a pesar de que no tenía experiencia, ni médica ni legal. Nunca había trabajado en un quirófano y ni siquiera había trabajado en un hospital. Había trabajado en el consultorio de su marido, y eso era todo.

Al final conseguí prevalecer sobre Emily Pitt. Su caso fue desestimado sin posibilidad de volver a presentar cargos un año después de que se presentara en 2014. No había ninguna prueba que apoyara ninguna de sus acusaciones, y sin embargo había pruebas evidentes de que se había enamorado de mí. También conseguí zanjar algunos asuntos concernientes a los Morelli, aunque no puedo decir mucho sobre eso porque están bajo secreto judicial. Aunque sí logramos un acuerdo mediante el cual ambos nos comprometíamos a retirar las acciones legales de uno contra el otro y nunca más volver a cruzarnos.

Simplemente ya había tenido suficiente, así que le dije a mi abogado:

—Escuche, haga lo que sea para librarme de ese parásito. —Consiguió llegar a un acuerdo con los Morelli y yo acepté no ejercer la medicina en esa área durante tres años. Sin embargo, incluso en eso me traicionaron, porque esos tres años se convirtieron en diez. Echando la vista atrás ahora, sospecho que mi antiguo abogado estaba del otro lado, porque yo no tomé parte en esa decisión, ya que en 2014 estaba en Italia.

Con los Morelli fuera de mi camino, conseguí acabar el expediente de bancarrota. Eso debería haber sido el final de todo el asunto, y yo debí haber podido seguir adelante con mi vida, pero Truman aún no había acabado. Su mayor error, que se volvería contra él más tarde, fue continuar acusándome después de que se derrumbara el caso de Emily Pitt. Encontró otro cliente y fue de nuevo a por mí, y otra vez, y otra. Al final, su implacable persecución se convirtió en su perdición.

CAPÍTULO VEINTISIETE
Mala praxis fraudulenta

Albert Marin era un hombre de ochenta y un años con problemas de salud. Cuando un médico llamado Wilek lo derivó a mi consultorio por mi cargo en el centro médico Canyon Meadows, lo examiné, le hice pruebas y descubrí que tenía cáncer en su riñón izquierdo. Se trataba de un tema grave, así que me senté a hablar con él inmediatamente.

—Escuche —le dije—, tiene cáncer de riñón. Lo considero maligno hasta que se demuestre lo contrario, y le voy a ofrecer varias opciones. Debido a su edad, siempre tiene la opción de limitarse a esperar y observar, pero eso requeriría pruebas adicionales y la posibilidad de someterse a resonancias magnéticas y exploraciones por TAC. El problema es que, si la masa comienza a crecer y se produce una metástasis, será demasiado tarde: no habrá cura. Sin embargo, también podemos operar mediante laparoscopia o con cirugía abierta y extraerlo.

También le expliqué que existían otros procedimientos que yo me negaba a realizar, tales como la crioablación y la ablación por radiofrecuencia. La crioablación consiste en insertar una aguja fina a través de la piel hasta el objetivo e inyectar gas argón a presión por la punta de la aguja, de manera que se enfría hasta alcanzar una temperatura extremadamente baja y congelar y matar el tumor. La ablación por radiofrecuencia es similar, pero el cirujano usa un electrodo en lugar de una aguja congelada para atacar el tumor. Lamentablemente, existe el riesgo de que estos tratamientos no destruyan todo el tejido canceroso. Incluso podrían extenderse a lo largo del tracto, lo que significa que la enfermedad podría regresar. Debido a ese riesgo, yo no abogaba por ninguno de estos dos procedimientos.

—Si desea uno de estos tratamientos —le dije al Sr. Marin—, vaya a otro lugar, porque yo no los voy a realizar. Para esos procedimientos lo enviaré a California.

—No, lo único que quiero es que me quiten el cáncer —respondió—. No quiero tener nada en mi cuerpo por lo que tenga que preocuparme más adelante. —Al final, el Sr. Marin eligió la nefrectomía quirúrgica.

Antes de que le extirpara el riñón izquierdo, fue necesaria una intervención independiente para romper unos cálculos de riñón. Una vez se hubo conseguido eso, realicé la intervención primaria por laparoscopia el 24 de septiembre de 2012. Consistía en una pequeña punción a través del ombligo y una pequeña incisión para que mi mano pasara a través de un *GelPort*. Este procedimiento se denomina nefrectomía laparoscópica asistida (HAL). La operación transcurrió tan cerca de la perfección como era posible. Debió de perder unos cien centímetros cúbicos de sangre, una cantidad irrisoria para una nefrectomía. En general, el procedimiento transcurrió sin incidentes y extirpé totalmente el cáncer. El Sr. Marin pasó a la sala de recuperación y después a la UCI.

Al día siguiente, sin embargo, el Sr. Marin no podía mover las piernas. Y, cuando palpé sus pies, estaban fríos como el hielo, algo que la enfermera Doug Meadows no había comprobado. El Sr. Marin también había desarrollado anuria, lo que significaba que el riñón que le quedaba no estaba produciendo orina. Aquello era serio y requería atención inmediata, así que llamé a otros especialistas para consultar con ellos, incluyendo un cirujano vascular. Un escáner renal mostró que el paciente tenía un bloqueo en su riñón derecho, lo que significaba que necesitaba un aortograma, diálisis y un *bypass*. Estaba claro que el Sr. Marin necesitaba cuidados de mayor nivel que los que el centro médico Canyon Meadows estaba preparado para ofrecer, así que hice que lo transfirieran al centro médico Sunrise en Las Vegas, un proceso que se prolongó varias horas.

Cuando lo operaron en Sunrise, descubrieron que las arterias que conducían a la médula espinal, el riñón derecho y a parecer a toda la mitad inferior de su cuerpo estaban terriblemente bloqueadas debido a la ateroesclerosis. También sufría de amiloidosis, algo que desconocía antes de la operación, por lo cual una proteína llamada amiloide, presente normalmente en la médula ósea, se filtra a otras partes del cuerpo, causando fallo orgánico. El Sr. Marin permaneció hospitalizado y finalmente murió el 27 de septiembre, diez días después de que yo lo hubiera operado.

Creo que Doug Meadows trabajaba para el Dr. Morelli, porque inmediatamente empezó a extender el rumor de que yo había hecho algo mal. Morelli y Connor Truman me acusaron de mala praxis médica, alegando que la muerte del Sr. Marin era culpa mía. Se acercaron sigilosamente a su afligida viuda y la convencieron de que yo lo había matado. ¡Sin embargo, quizás la peor parte fue que ni siquiera le dijeron que me estaban acusando de haberlo hecho!

En una declaración realizada por mi abogado Caleb Wilder, este le desveló a la Sra. Marin que parte de la acusación de Truman decía: «La arteria del Sr. Marin estaba dañada como resultado de la cirugía del Dr. Panvini, causando la pérdida completa del riego sanguíneo en su riñón derecho y parálisis en sus extremidades inferiores que al final condujeron a su muerte».

Alegaban que yo había bloqueado su aorta abdominal y después lo había cerrado en esas condiciones, privando de riego sanguíneo a sus extremidades inferiores. Eso era imposible, porque la aorta abdominal es uno de los vasos sanguíneos más grandes del cuerpo humano. Es del tamaño de la muñeca y transporta sangre a las extremidades inferiores. Y, en un paciente con ateroesclerosis como el Sr. Marin, no se puede suturar o sellar, porque el mismo vaso está endurecido hasta tal punto que intentar atarlo para cerrarlo sería como enrollar una goma alrededor de una tubería de PVC y esperar que se cierre.

Había realizado esa intervención quirúrgica con el mayor cuidado y consideración. Había traído instrumental especial para él, porque sabía que tenía ateroesclerosis de la arteria renal. Había elegido usar una grapadora manual Covidien para cerrar sus vasos sanguíneos, en lugar de la grapadora Ethicon, que es menos efectiva en estos casos. La grapadora que había usado es la utilizada por los cirujanos torácicos para la tráquea y los tubos bronquiales, que están hechos de cartílago duro.

Pero la acusación no solo aducía que yo era mal médico, también afirmaba que mis acciones eran deliberadas. Truman también escribió que «el Dr. Panvini, sabiendo perfectamente que había cometido un error en la cirugía del Sr. Marin, tomó la decisión de no subsanar el error y, en lugar de eso, concluyó la operación quirúrgica». Cuando dijo que «yo había tomado una decisión», estaba de hecho acusándome de homicidio.

La lista completa de cargos incluía la afirmación de que yo carecía de la experiencia necesaria para realizar una nefrectomía laparoscópica, que había falseado mis conocimientos y experiencia ante Marin y que había cometido un error durante la operación, había cerrado al Sr. Marin sin resolver el problema, se lo había ocultado a todo el mundo y después había retrasado su traslado a Sunrise al enviarlo en ambulancia en lugar de en helicóptero para cubrir mi incompetencia, aun a sabiendas de que probablemente eso lo mataría.

Mi abogado, Caleb Wilder, que conocía a Truman, incluso intentó ofrecerle una forma de salir del atolladero en el que se estaba metiendo. Envió a Truman una carta para informarle que se arriesgaba a infringir la Norma 11, la cual establece que los abogados no deben presentar demandas judiciales o cargos sin estar en posesión de pruebas que apoyen las alegaciones contenidas en las demandas.

A Truman le daba igual. No tenía caso, pero se negó a retirarlo. Presentó cargos disparatados e imprudentes, y después llevó su caso de un juzgado a otro en un vano intento por encontrar un juez que le garantizara el veredicto y los daños y perjuicios que buscaba. Fracasó en el juzgado federal de Nevada, y más tarde en el estado de Arizona. No había pruebas que corroboraran sus afirmaciones, así que, cuando el caso era presentado ante el juez, este lo desestimaba sin posibilidad de volver a presentar cargos.

Finalmente, en junio de 2014, Truman presentó el caso ante el juzgado del Distrito Federal de Arizona. Para entonces yo ya había cerrado el consultorio y me había ido a Italia. Mi abogado informó a Truman de esa circunstancia, preguntándole por qué demandaba a una empresa que ya no existía y cómo pretendía hacer llegar todos los documentos judiciales:

> Por último, usted prometió anteriormente que previamente a un intento renovado de litigio contra el Dr. Panvini (y nunca estipulé que usted tuviera la capacidad legal de hacerlo),

primero me proporcionaría opiniones médicas expertas que apoyen su acusación de que el Dr. Panvini cometió una negligencia y que dicha negligencia causó la muerte del Sr. Marin. Usted no ha hecho tal cosa y, una vez más, ha presentado acusaciones sin base alguna ni argumentos concluyentes... Tal y como le he estado pidiendo durante bastante más de un año, si está en posesión de pruebas, haga el favor de presentarlas.

La siguiente carta, preparada por Caleb Wilder, mi abogado especializado en mala praxis, describe la secuencia de los cargos de Truman contra mí.

Aparentemente, todas las demandas surgen de la nefrectomía laparoscópica realizada por el Dr. Panvini al Sr. Marin en el centro médico el 24 de septiembre de 2012. El Sr. Marin, de ochenta y un años, tenía una masa sospechosa en su riñón izquierdo que se comprobó que era carcinoma de células renales. Aunque la cirugía era técnicamente compleja debido a una gran cantidad de vasos aberrantes, se realizó sin complicaciones y la pérdida de sangre fue extremadamente mínima.

A continuación de la operación, el Sr. Marin fue evaluado por un médico y varias enfermeras de la Unidad de Cuidados Postanestésicos, todos los cuales comprobaron que el Sr. Marin era capaz de sentir y mover las piernas. Sin embargo, varias horas más tarde, el Sr. Marin perdió la sensibilidad y el movimiento de sus piernas. Inicialmente se pensó que se debía a un efecto secundario de la anestesia epidural. Sin embargo, después de la interrupción de la epidural y de realizar exámenes por imagen, se determinó que el Sr. Marin había desarrollado una oclusión postoperatoria de la aorta abdominal. Al recibir esta información, mi cliente inició inmediatamente las medidas necesarias para trasladarlo al centro médico Sunrise de Las Vegas. A continuación de su llegada a Sunrise, el Sr. Marin fue llevado directamente a quirófano, donde se le realizó un *bypass* aorto-femoral bilateral. Es de reseñar que el cirujano no informó de absolutamente ninguna lesión o trauma en la aorta; antes bien, su opinión era que la ateroesclerosis severa y extensa que sufría el Sr. Marin era la causante de la oclusión aórtica. Lamentablemente, el Sr. Marin falleció varios días después. Una vez más, la autopsia confirmó la ausencia de daños o traumas en la aorta abdominal.

Después de estos acontecimientos, por motivos enteramente personales, mi cliente se declaró en bancarrota en Nevada, su lugar de residencia en esa época. Connor Truman, un abogado especializado en bancarrotas de Las Vegas, se implicó en el caso porque representaba a la exesposa de mi cliente, así como a varios acreedores más. Además el Sr. Truman, el cual admite sin reparos que no sabe nada de medicina, de algún modo persuadió a la viuda del Sr. Marin para que demandara a mi cliente y le permitiera hacerlo como parte del procedimiento de bancarrota. Presentó una demanda por mala praxis médica ante un tribunal de bancarrotas.

Varios meses después, el Sr. Truman hizo algo despreciable. Modificó su demanda para retirar las acusaciones de negligencia y para alegar que mi cliente había causado *intencionadamente* la muerte del Sr. Marin.

Más concretamente, lo acusó de «anudar» la aorta abdominal a propósito terminando la operación sabiendo lo que había hecho y mintiendo después sobre ello en un intento de encubrir sus acciones, el equivalente a un asesinato.

Yo estaba anonadado y contacté inmediatamente con el Sr. Truman para exigir una explicación sobre por qué había hecho eso y exigiendo pruebas concretas que apoyaran sus extravagantes acusaciones. El Sr. Truman admitió libremente que no tenía *ninguna* prueba y *ninguna* base para sus acusaciones. Asombrosamente, también admitió que el único motivo por el que estaba haciendo esas acusaciones de «acto deliberado» era que esperaba echar mano a los activos personales de mi cliente (esto es, desautorizar su protección por bancarrota) *y* hacerse con el dinero de su póliza de seguros. El Sr. Truman también admitió que creyó que este plan le ahorraría dinero, ya que, de algún modo, le permitiría obligar a mi cliente a regresar a Estados Unidos desde Italia para su declaración, eliminando así la necesidad de que él viajara a Italia. Le expliqué en repetidas ocasiones al Sr. Truman que sus acciones carecían de ética, eran inmorales y no tenían ningún sentido legalmente. El Sr. Truman respondió conviniendo que sus tácticas no eran justas para mi cliente, pero le parecía que era la mejor forma de conseguir lo que quería. Le dejé muy claro al Sr. Truman que no estaba en absoluto de acuerdo con su modo de proceder y que no tendría ningún problema en testificar en un futuro que me parecía que estaba cometiendo graves infracciones éticas, ignorando un conflicto de intereses claro y cometiendo mala praxis legal. Insté repetidamente al Sr. Truman a retirar esas acusaciones de acto deliberado y que lo revirtiera a sus demandas iniciales de negligencia, pero se negó a hacerlo.

Manteniendo la presión, envié peticiones de revelación de datos exigiendo pruebas que apoyaran esas denuncias. El Sr. Truman no entregó nada. Tomé declaración a la Sra. Marin y esta admitió que no tenía ni idea de si alguna de esas acusaciones era cierta, y confirmó que confiaba en que el Sr. Truman las demostrara. Con el tiempo, tuve base suficiente para reclamar sanciones debido a la incapacidad del Sr. Truman para ofrecer pruebas y, la víspera de la vista oral, el Sr. Truman al final accedió a retirar las acusaciones de acto intencionado.

A consecuencia de todo esto, mi cliente presentó una demanda por abuso de poder contra el Sr. Truman y la Sra. Marin.

Como ya dije anteriormente, esa fue la primera vez en mis veinticinco años de profesión que me pareció que estaba justificado que un médico demandara a un abogado de la acusación. Por lo que yo sabía, la demanda judicial aún persiste y le deseo mucho éxito.

Transcurrieron varios meses y, justo antes de que se agotara el límite de prescripción, el Sr. Truman presentó una nueva demanda por mala praxis médica contra mí. Esa demanda todavía está en curso y estoy orgulloso de representarle en ella. El Sr. Truman aún no ha presentado ninguna prueba de lo que supuestamente usted hizo mal durante esta operación y, por el contrario, nosotros hemos reunido un potente equipo de expertos que tienen la seguridad de que usted cumplió los estándares de cuidados en todos los aspectos y que no es en absoluto responsable del fallecimiento del Sr. Marin. Tengo la total seguridad de que el jurado estará de acuerdo en que usted no es culpable y estoy deseando reivindicar su actuación en el juicio.

Sinceramente,

Caleb Wilder

Era como si Truman no pudiera contenerse. Se presentó ante el juzgado federal sin más pruebas que las presentadas en las vistas anteriores del caso. Era como un niño que cree que diciendo lo mismo una y otra vez se hace realidad por arte de magia, pero *no* era verdad. Obviamente, emprendía esas acciones con vistas a conseguir ganancias secundarias. Un patólogo forense evaluó el caso y descubrió que el Sr. Marin había padecido amiloidosis. Nadie tenía conocimiento de su enfermedad antes de aquello, porque no era algo que se buscara en los exámenes. También resultó que había sufrido un ataque al corazón en el hospital.

Gané el caso contra Truman de una vez por todas el 17 de octubre de 2017 en la Corte Federal de Arizona. El resultado fue una votación de 8-0 a mi favor.

Sus argumentos me habrían resultado risibles si no fuera porque presentaban un gran peligro para mí y para mi carrera. Cuando asistía a esos procedimientos, era como ver una comedia de situación en la televisión. Presentó testigos que no tenían un conocimiento directo del caso en cuestión, pero estaban allí solo para impugnar mi carácter y mis competencias médicas.

Uno de estos testigos eran un médico del hospital Cedars-Sinai llamado Toby Baggins. No pudo señalar ningún error concreto que yo hubiera cometido, pero, dado que Truman lo pagaba como testigo experto, dijo cosas vagas como: «No es que el Dr. Panvini hiciera nada mal durante la operación...» Baggins también indicó que la declaración por escrito que había preparado Truman alegando que yo había hecho algo mal en realidad no era su declaración. Esto demostró que Truman estaba falsificando documentos en un juzgado federal para obtener una ganancia personal.

Aunque casi se me salieron los ojos de las órbitas cuando Baggins se volvió para dirigirse al jurado directamente, lo cual ya de por sí era bastante irregular. Pero entonces les dijo: «Ya saben que he escrito un libro llamado *El poder del pene*». ¡Intentó vender su libro al jurado! «Lo pueden conseguir en Amazon.com. Búsquenlo. *El poder del pene*». Casi estallé en risas allí mismo, en la sala del juzgado. El hombre lo decía en serio, porque le repitió al jurado: «Lo pueden conseguir en Amazon.com». Yo creo que le faltaban células de Betz y tenía una ligera demencia. No podía creer que el juez no lo expulsara del estrado directamente, ya que también a él se le escapó la risa. Supongo que fue todo lo que se le ocurrió a Truman.

Truman presentó a otro testigo, un tal Dawson, que no tenía absolutamente ninguna prueba para justificar que yo había hecho nada mal o que me hubiera desviado de alguna forma del estándar de atención médica. Escuchándolo, ni siquiera era capaz de entender por qué estaba allí.

El segundo abogado del juicio por mala praxis era otro médico llamado Jordan Dames, que tenía aspecto de tener al menos 110 años. Mi abogado y yo nos estábamos riendo para nuestros adentros mientras contemplábamos la actuación de ese hombre. Resoplaba y se agitaba como si padeciera Parkinson, y hablaba... al... jurado... así. Solo esperar a que terminara una frase nos podía llevar toda la mañana. Al final los miembros del jurado comenzaron a reírse entre ellos mientras hablaba porque se salía por la tangente de una forma que no tenía ningún sentido ni nada que ver con el caso, todo ello mientras hablaba con una lentitud tal que te podías dormir entre dos palabras.

El caso de Truman estaba perdido desde el primer día. Inicialmente había sido presentado por un abogado diferente en diciembre de 2012 en el condado de Mohave, Arizona. Pero ese abogado pensó que no tendría ninguna oportunidad en un juzgado y lo dejó quieto. De hecho, lo dejó quieto tanto tiempo que se murió. Cuando murió, su socio le echó un vistazo al caso y convino en que no valía nada y que inevitablemente los cargos serían desestimados.

Truman había oído hablar del caso a través del Dr. Morelli y, en su celo por perseguirme (como parte de su trabajo con Chelsea, Veronica Fischer y los Morelli), abordó a la Sra. Marin y a su familia y los convenció para que le dejaran demandarme y pedirme todo lo que tenía a modo de compensación. En su dolor, buscaban culpar a alguien, y además Truman les hizo oler el dinero, así que aceptaron.

Antes de que todo terminara, había embaucado no solo a la viuda de Marin, sino también a los hijos. Al final del proceso judicial, Craig, uno de los hijos de Marin, fue llamado a testificar. El patólogo forense ya había testificado y, cuando subió a testificar, Craig Marin dijo que deseaba disculparse conmigo.

—Este caso nunca debió llegar hasta aquí —dijo—. Si hubiéramos sabido todo esto, nunca lo habríamos demandado. —Pero todos los demás siguieron apoyando el asunto, porque Truman les había lavado el cerebro.

Truman se destruyó a sí mismo porque no dejó de presionar. Se personó como acusación en el caso e incluso trató de persuadir a otros pacientes para que presentaran demandas judiciales contra mí en las que él no jugaría un papel activo, solo para poder negar cualquier acusación de conflicto de intereses. Mi abogado de mala praxis, Caleb Wilder, sabía exactamente lo que estaba sucediendo, porque

Truman confiaba en él y le había desvelado muchos de sus perversos pensamientos y acciones durante el proceso. Wilder me lo contó personalmente.

De hecho, mi abogado intentó detener a Truman, diciéndole:

—No sé por qué cree que se va a salir con la suya en este caso. No estamos tratando este asunto conforme a la ley. Y definitivamente aquí hay un conflicto de intereses. El Dr. Panvini lo ha demandado y usted está demandando al Dr. Panvini. —Truman también había representado al Dr. Morelli, a cuya mujer había contratado como supuesta testigo experta paralegal (aunque no tenía absolutamente ninguna formación médica o legal)—. Entonces, ¿cómo piensa superar el conflicto de intereses?

Pero nada podía disuadir a Truman. Continuó presentando una demanda tras otra. Mi abogado lo advirtió:

—Escuche, Connor, no quiero tener que ir al juzgado a testificar contra usted. Debería detener todo esto inmediatamente. —Pero Truman no estaba dispuesto a escuchar.

Al final yo ya había soportado suficiente. Cuando el veredicto del jurado fue unánime a mi favor, me volví hacia mi abogado y le dije:

—Vamos a por ese tío. —Ya habíamos comenzado el proceso de demanda contra Connor Truman por enjuiciamiento abusivo.

CAPÍTULO VEINTIOCHO

El tiro por la culata

Al final ya estaba harto. Me había convertido en el objetivo de un ataque tras otro durante más de una década, justo desde que Chelsea presentó la demanda de divorcio. Primero fueron Veronica Fischer y ella, después el Dr. Morelli y su esposa, luego Truman, y finalmente vinieron a por mí todos juntos. Habían amenazado mi vida y habían intentado expulsarme de la profesión que había elegido, arruinar mi reputación, apoderarse de todo mi patrimonio e incluso impedirme defenderme o librarme de ellos dejando el país. Querían destruirme, pero para mí ya había sido suficiente.

Cuando me acusó repetidamente del asesinato de Albert Marin, un hombre de ochenta y un años con numerosos problemas de salud que amenazaban su vida y que murió no por nada que yo hiciera, sino a pesar de todos mis esfuerzos por salvarlo, Connor Truman fue demasiado lejos. Debía ser castigado.

Nuestro primer movimiento fue presentar una moción para un juicio sumario contra Truman y la familia Marin. Ya habían perdido un juicio sumario previo cuando intentaron acusar al personal de Enfermería del centro médico Canyon Meadows de negligencia. No consiguieron presentar ningún experto que testificara a favor de esa negligencia imaginaria, así que el juez había desestimado el caso. De manera similar, tampoco tenían pruebas de que yo fuera culpable de mala praxis, así que no había ningún motivo para continuar con el juicio.

El juez H. Russel Holland del juzgado del distrito federal estuvo de acuerdo, dejando escrito: «Se aprueba la moción de desestimar las acusaciones de los demandantes en lo relativo a la supuesta negligencia del Dr. Panvini en la cirugía que realizó al Sr. Marin. Las acusaciones se desestiman con pérdida de derecho a un nuevo juicio». La desestimación con pérdida de derecho a un nuevo juicio significa que la persona que presentó el caso tiene prohibido emprender cualquier otra acción legal basada en la misma acusación. Truman no podía volver a acusarme en un juzgado de mala praxis médica relacionada con la trágica muerte de ese hombre.

Fuimos a juicio contra Truman en julio de 2018. Fue un juicio de tres días en Arizona. Lo demandé por enjuiciamiento malicioso y abuso de procedimiento. Esas dos cosas están estrechamente relacionadas, pero difieren en algunos puntos muy importantes y esenciales. El enjuiciamiento malicioso se define como emprender acciones legales intencionadamente (y maliciosamente) sin causa probable, y se desestima a favor de la persona que está siendo procesada. El abuso de procedimiento, por otro lado, requiere que el demandante (que era yo) pruebe la existencia de un motivo o propósito ulterior para presentar esos cargos legales, y algún acto ilegítimo en el uso del procedimiento legal durante el proceso judicial de la causa.

Tenía pruebas de ambos cargos. El juicio sumario que probó que yo no había sido negligente en mi tratamiento del Sr. Marin era prueba suficiente para el cargo de enjuiciamiento malicioso, y Truman había demostrado abuso de procedimiento al perseguirme de un estado a otro y de un juzgado a otro, acusándome de los mismos delitos sin prueba alguna. De hecho, en aquella época reveló en una carta a mi abogado Caleb Wilder que prefería presentar ciertos cargos en Arizona en lugar de en Nevada porque Nevada limitaba los daños por negligencia a 350.000 dólares, mientras que en Arizona no había límite. ¡Literalmente, no se trataba de nada más que de codicia!

La codicia e ineptitud de Truman fueron incluso más lejos. Mi abogado trató de prevenirlo, escribiéndole allá por 2013 que: «Como usted reconoció cuando nos reunimos en persona, su representación del Dr. Morelli, la exesposa del Dr. Panvini y la Sra. Morelli en distintos enjuiciamientos supone un conflicto de intereses para usted... De nuevo, debe tomar sus propias decisiones profesionales y proceder de la forma que considere más apropiada. Pero sí deseo dejar claro que le advertí de lo que, en mi opinión, es un problema importante de conflicto de intereses».

Truman ignoró el consejo y se concentró en estos casos durante años a pesar de una falta total de pruebas, inflando maliciosamente los cargos mucho más allá de lo que cualquier juez o jurado podía tomarse en serio (lo mismo que a él). Durante el proceso utilizó las emociones vulnerables de sus clientes, apeló a su codicia y, en última instancia, los engañó para que se unieran a él y emprendieran acciones legales falsas y difamatorias.

Caleb Wilder era un hombre alto y de apariencia cortés con complexión musculosa y perilla. Tenía un pasado militar y sus hijos habían seguido su ejemplo: uno de ellos servía en el ejército en Panama City Beach, en Florida. Tenía la mente más aguda que pueda poseer un abogado que yo haya conocido jamás.

Wilder fue uno de los testigos estrella en el juicio. Lo sabía todo de los intentos maliciosos de Truman, tal como los había expresado, no solo por carta sino también en discusiones privadas entre ambos. Mi otro testigo principal era la Sra. Marin, la viuda del hombre muerto, que había admitido en el estrado que no existía base para los cargos y que nunca debieron atacarme de ese modo. La Sra. Marin admitió que ella no creía que yo fuera responsable de la muerte de su marido.

En realidad, el jurado apenas tuvo que deliberar. Gran parte del caso ya había sido decidido por el juez cuando gané el juicio sumario, y se acordó que el caso cumplía todos los criterios de enjuiciamiento malicioso y abuso de procedimiento. Lo único que tenía que hacer el jurado era decidir si estaban de acuerdo con el juez y, si así era, con cuánto dinero querían indemnizarme.

Truman se presentó en el juzgado con un traje negro de seda, corbata blanca y zapatos negros con punteras blancas. Parecía un gánster y era obvio por el comportamiento del jurado que no les gustó. Se defendió a sí mismo, al parecer olvidando el viejo dicho: «El hombre que es su propio abogado tiene un cliente que es idiota».

Incluso con todo el tiempo que me había visto obligado a relacionarme con ese hombre a lo largo de los años, en declaraciones, en oficinas de abogados y en distintos juzgados, todavía era capaz de sorprenderme. Fue un juicio corto de tan solo tres días, pero hacia la mitad del juicio pareció comprender que no iba a ganar, así que decidió arrojar a todo el mundo a los pies de los caballos. Declaró que habían sido los Morelli los que me habían hecho todas esas cosas terribles, no él. Que él era tan solo un peón en su conspiración.

—Sí, pero usted la contrató —contraatacó mi abogado, refiriéndose al empleo de Margaret como asistente paralegal y testigo experto a pesar de su total falta de experiencia médica y legal.

Truman no tenía forma de negar esa acusación, así que dijo:

—Bien, Veronica Fischer y Chelsea Panvini me contrataron para que lo hiciera. Son ellas las que deberían rendir cuentas por eso.

Cada vez que surgía ante el jurado algo que había hecho, la respuesta de Truman era:

—Ah, eso fue cosa de Margaret y del Dr. Morelli.

Según él, había sido idea de los Morelli ponerse en contacto con mi familia, enviar cartas al juez diciendo que yo era un criminal, argumentar que no debían haber eliminado el asunto de la marihuana de Indiana de mis antecedentes, presentar quejas ante el Consejo de Acreditación Médica de Arizona y de Nevada, y enviar cartas difamatorias al HIPAA, al Departamento de Salud y Servicios Humanos y al JCAHO asegurando que yo había matado al Sr. Marin.

Yo era jefe de Cirugía en el centro médico Canyon Meadows, así que estaba al tanto de toda esa información porque varias personas de la administración que simpatizaban conmigo me lo habían filtrado. Sin la ayuda de algunas de esas personas, tal vez jamás habría sabido la profundidad de la conspiración que habían urdido contra mí.

Si has leído hasta aquí, probablemente te habrás dado cuenta de que no tengo mucho respeto por los abogados. Sin embargo, durante todos los enjuiciamientos por mala praxis que Connor Truman inició contra mí, desde convencer a Emily Pitt para que presentara una demanda falsa contra mí hasta los tres casos independientes relativos al Sr. Marin, actuó en mi representación un abogado fabuloso que se llama Caleb Wilder. A lo largo de mi vida me han representado más de una docena de abogados en distintos casos, pero tres de ellos destacan por sus excelentes valores éticos y morales. Uno fue Caleb Wilder, y los otros dos Travis Abbott y Roy Ardent.

Caleb Wilder estuvo justo detrás de Connor Truman en cada paso que dio durante los casos falsos de mala praxis. Tal y como he descrito, advirtió repetidamente a Truman que estaba lanzando acusaciones imposibles de probar al decir que yo había matado a mi paciente. Truman nunca estuvo en posesión de ninguna prueba que respaldara sus acusaciones, lo que le colocó directamente en violación de la Norma 11.

En un momento dado, Wilder incluso le dijo a Truman:

—Escuche, lo mejor que puede hacer es retirar sus acusaciones, porque no quiero acabar testificando contra usted en el futuro.

—No me preocupa —respondió Truman—. Me gusta tenerlo todo.

—Está cometiendo un gran error —le advirtió Wilder—, y lo lamentará.

De nuevo, Truman respondió de forma arrogante que no le preocupaba.

Pues bien, al final Wilder subió al estrado para testificar contra Connor Truman. Por entonces a mí me representaba Travis Abbott, y Wilder declaró abiertamente en el estrado:

—Este ha sido el caso de mala praxis más extraño que me he encontrado en toda mi carrera. Truman no tenía absolutamente ninguna prueba que apoyara ninguna de sus acusaciones y violó la Norma 11. Y, para que lo entienda el jurado, esta es una regla estándar en los procesos que se dirimen en un juzgado, por la cual se deben tener pruebas inequívocas antes de hacer acusaciones en una demanda judicial formal. Truman nunca tuvo ninguna prueba para presentar todas esas demandas judiciales falsas.

Wilder siguió testificando y dijo:

—He representado a muchos médicos en casos de mala praxis, y uno de los principales problemas y preocupaciones que siempre he tenido es que los médicos acusados de este tipo de mala praxis frecuentemente corren el riesgo de suicidarse.

Afirmó que, después de los implacables ataques de Truman contra mí, había empezado a preocuparse por que un día me quitaría la vida.

—El hecho de que el Dr. Panvini esté todavía aquí, en este juzgado —afirmó—, dice mucho de su integridad y su fortaleza como ser humano, ya que ha sido capaz de soportar todo ese castigo.

Wilder declaró que yo nunca había cometido mala praxis en mis treinta años de carrera médica, y que las acciones de Connor Truman eran lo peor que había visto en su vida.

El juez informó al jurado de las conclusiones del juicio sumario y les dijo lo siguiente:

>—Este juzgado ya ha probado que Connor Truman y compañía han cometido enjuiciamiento malicioso, que Dino Panvini ya ha probado que los acusados, el Sr. Truman y compañía, iniciaron o tomaron parte activa en el enjuiciamiento de tres causas civiles contra el demandante Dino Panvini, que dichas acciones fueron juzgadas a favor de Dino Panvini, que los acusados actuaron sin causa probable y que los acusados actuaron con alevosía.
>
>El enjuiciamiento malicioso de los acusados se demuestra en la repetida presentación de demandas judiciales contra el demandante, basándose en su creencia sin pruebas de que el demandante causó maliciosa e intencionadamente la muerte de su paciente. La alevosía de los acusados es evidente tanto en la naturaleza como el número de sus acusaciones repetidas.
>
>Dino Panvini debe probar que la conducta con alevosía de los acusados le causó daños, perjuicios, pérdidas o agravios.

Este juzgado ya ha encontrado a los acusados Connor Truman y compañía culpables de abuso de enjuiciamiento. Los acusados presentaron intencionadamente tres demandas contra Dino Panvini, así como otros procedimientos autorizados por el juzgado que son relevantes para el proceso de litigación. Los acusados usaron dicho proceso de forma ilícita e inadecuada en el curso regular de los enjuiciamientos, y los acusados usaron ese procedimiento principalmente con propósito indebido o motivos ulteriores. Se les pide que determinen si el uso alevoso de dicho procedimiento causó daños, perjuicios, pérdidas o agravios a Dino Panvini.

El juzgado ya ha fallado que el abuso de enjuiciamiento no estaba razonablemente justificado a la luz de los objetivos de litigio legítimos, y se puede explicar lógicamente mediante el propósito indebido o motivo ulterior, incluso si se emprendió en realidad con mala intención, como puede ser resentimiento, animadversión o con intención de hostigar.

El juzgado también ha encontrado que los acusados usaron el enjuiciamiento principalmente para un propósito indebido o motivo ulterior, en lugar de para el propósito para el cual el enjuiciamiento estaba destinado o autorizado. Un propósito indebido inicial o motivo ulterior requiere algo más que un motivo fortuito, mala voluntad hacia el demandante, para beneficio del acusado, o la conciencia de que la acción, aunque adecuada de algún modo, causará que la parte contraria incurra en gastos legales adicionales u otros perjuicios.

Deben decidir la cantidad exacta de dinero que será razonable y justa compensación para el demandante Dino Panvini por cada uno de los daños probados que han resultado del enjuiciamiento malicioso y el abuso de enjuiciamiento llevado a cabo por los acusados:

1. Los gastos en que haya podido incurrir razonablemente Dino Panvini para defenderse de las acusaciones y enjuiciamientos.

2. El daño a la reputación de Dino Panvini como resultado de las acusaciones presentadas contra él por algún asunto difamatorio alegado como base para el enjuiciamiento.

3. Su sufrimiento emocional como resultado de los enjuiciamientos.

4. Cualquier pérdida monetaria específica que haya sufrido a consecuencia de los enjuiciamientos.

5. Pérdida de ingresos hasta la fecha o disminución en su capacidad para generar ingresos en el futuro.

La compensación total o parcial por daños que reciba la parte damnificada procedente de una fuente colateral totalmente independiente del autor del delito no reduce los daños recuperables del autor del delito. En otras palabras, aunque los gastos legales causados a Dino Panvini por enjuiciamiento malicioso estén cubiertos por un asegurador, él puede, no obstante, reclamar a los acusados y obtener compensación por su valor.

El caso se somete ahora a su decisión. Cuando regresen a la sala del jurado, elegirán un portavoz. Él o ella presidirá sus deliberaciones.

Al menos seis de ustedes deben estar de acuerdo en el veredicto. Si los ocho se ponen de acuerdo en un veredicto, únicamente es necesario que firme el portavoz en la línea marcada como «Portavoz...» Si seis o siete se ponen de acuerdo en un veredicto, todos aquellos que estén de acuerdo, y solo aquellos que lo estén, deberán firmar el veredicto en las líneas que se proporcionan, dejando la línea marcada como «Portavoz» en blanco. Por favor, escriban su nombre debajo de su firma.

Se les proporcionará un formulario para el veredicto. Dice lo siguiente:

Nosotros, el jurado, debidamente constituido y habiendo prestado juramento en la causa titulada más arriba, hemos decidido lo siguiente:

_____Evaluamos los daños a favor del demandante contra Connor Truman y Connor Truman ESQ, Sociedad Limitada, en las siguientes cantidades:

$_____ en daños, y

$_____ en daños punitivos.

O bien:

_____No evaluamos ningún daño contra Connor Truman y Connor Truman ESQ, Sociedad Limitada.

Finalmente, todos los testigos habían sido interrogados, se habían expuesto todos los argumentos y el juez había enviado al jurado a deliberar. Regresaron al cabo de una hora. Contemplé sus rostros a medida que regresaban y supe que estaban de mi parte, pero no podía creer lo que oía cuando se anunció el veredicto.

Cuando el jurado entró en la sala, se hizo un silencio total en anticipación de lo que estaba por llegar. El portavoz se puso en pie y anunció el veredicto a mi favor.

—Otorgamos a Dino Panvini la cantidad de 6.232.000 dólares en concepto de daños a su reputación, empleo e intereses profesionales, y otorgamos a Dino Panvini 1.768.000 dólares en concepto de daños punitivos.

Miré de reojo a Truman, que se había hundido en la silla con las manos cubriéndole el rostro, como si estuviera pensando: «*Ay, Dios mío, ¿qué he hecho?*». El jurado me concedió un total de 8 millones de dólares.

El corazón me latía desbocado y no podía creer lo que estaba oyendo. ¡Finalmente, después de todos esos años, se había hecho justicia con esos criminales!

Asombrosamente, después de que todo hubiera acabado y el juez hubiera despedido al jurado, Truman se acercó a mí e intentó estrecharme la mano. Era como si le hubiera ganado en un partido de tenis en el club de campo, en lugar de derrotarlo por fin después de cinco años de lucha legal.

Me limité a mirarlo a los ojos sin decir una palabra, pero echaba chispas por los ojos. *«Hijo de puta, vaya audacia la tuya de intentar estrecharme la mano, bastardo»*, pensé. Albergaba un odio infinito hacia él, y todavía lo siento.

Es interesante reseñar lo que Truman le dijo a mi abogado Caleb Wilder: «Ha llegado la hora de retirarme, porque este caso me ha afectado mucho». Si alguien planea retirarse, ¿no sugiere eso que ha amasado unos buenos ahorros? Recientemente, Truman declaró que está arruinado y no podrá pagar la multa impuesta en el veredicto. No ha obtenido una caución que lo habría protegido de mis acciones contra su patrimonio y tampoco ha presentado una apelación oficial, tan solo un intento de apelación. Así que mis abogados ahora van contra su patrimonio, lo cual es perfectamente legal. Sé a ciencia cierta que Truman tiene dinero en bancos del extranjero, y quiero que cometa perjurio cuando mis abogados le interroguen sobre sus finanzas. El juego de ajedrez continúa, ¡pero soy buen jugador y siempre busco el jaque mate!

La sanción fue la más alta jamás impuesta en la historia del condado de Mohave, e incluso del estado de Arizona. Después del juicio, mi abogado le dijo a la prensa:

> —Nunca hubo ninguna base para que el abogado Connor Truman acusara al Dr. Panvini de haber matado a su paciente. Lo que el abogado afirmaba en su demanda judicial era que el Dr. Panvini había causado intencionalmente y alevosamente la muerte de su propio paciente… Incluso la misma cliente del abogado, la esposa del paciente fallecido, admitió que nunca había creído que el Dr. Panvini hubiera hecho eso. El veredicto es contrario al abogado y su bufete por presentar una demanda judicial maliciosa sin causa probable y por abusar del sistema legal. Básicamente le dije al jurado que dejaran a la viuda del paciente fuera de todo el asunto después de que testificara que había confiado en su abogado y que este no le había explicado con detalle lo que estaba haciendo.

Truman dio señales de pretender apelar el veredicto, e intenta ocultar su patrimonio y alegar pobreza para no tener que pagarme. También ha sido afortunado, porque la Asociación de Abogados de Nevada ha declinado emprender acciones legales contra él. Presenté una queja en 2013, cuando empezó su perversa campaña, y la Asociación de Abogados no hizo absolutamente nada. Entonces presenté una continuación de mi queja, notificándoles que había sido declarado culpable e informándoles del veredicto que lo condenaba a pagarme ocho millones de dólares. Ellos respondieron con una carta de un solo párrafo que decía lo siguiente:

> Un panel de supervisión del Consejo Disciplinario de Nevada Sur revisó el expediente de reclamación arriba mencionado derivado de su queja relativa al abogado Connor Truman. El panel concluyó que no se iniciarían procedimientos disciplinarios formales contra dicho abogado. En consecuencia, esta reclamación se ha desestimado y se ha archivado el expediente.

La Asociación Americana de Abogados obviamente no vigila a sus miembros, independientemente de lo delictivas que sean sus acciones. Los abogados tienen licencia para arruinar la reputación o destruir la carrera profesional de cualquiera, y eso es exactamente lo que han hecho en multitud de casos, de los cuales el mío no es más que un ejemplo. Si hay una organización que necesite vigilancia y una limpieza profunda, esa es la Asociación Americana de Abogados.

Una queja sobre un médico se maneja de una forma bastante distinta. Por ejemplo, cuando Chelsea me arrastró con el asunto de su marihuana, se suspendió sumarísimamente mi licencia porque se me etiquetó como «peligro para la sociedad» hasta que se desvelaron todas las pruebas. Eso es lo que debería haber ocurrido en este caso, pero no fue así. Los casos siguieron sucediéndose, pero Truman sabía que sus colegas abogados no lo censurarían. Era decisión de un jurado administrar el castigo que merecía, pero sigo sin entender por qué no le han retirado la licencia.

Ahora Truman vive algo inesperado. Al parecer, nunca pensó que el veredicto iría contra él, y menos por una cantidad tan grande de dinero. Todavía no ha solicitado una caución para impedirme ir tras su patrimonio. Una caución de esa naturaleza requeriría el cincuenta por ciento del pago del veredicto de ocho millones, o lo que es lo mismo, cuatro millones de dólares. Mi abogado lo ha citado a comparecer el mes que viene para descubrir dónde tiene oculto su patrimonio, incluyendo sus cuentas bancarias en el extranjero.

Si Truman no revela la existencia de esas cuentas en el extranjero, puede incurrir en delitos penales en los que se implicaría el IRS. Ahora mismo Truman no está aceptando las citaciones de comparecencia y esquiva a los mensajeros judiciales que hemos contratado en Nevada. Esto nos ha obligado a contratar asesoramiento en Nevada, además de mis abogados de Arizona, no solo para citarlo a comparecer para declarar su patrimonio, sino también para incautar dicho patrimonio, ya que él no se ha protegido las espaldas.

Ahora Truman está viviendo la vida que yo viví durante los últimos diez años. Tengo la seguridad de que desea fervientemente no haberse implicado conmigo. Y estoy seguro de que ha echado pestes sobre Chelsea y su abogado, además de preguntarles por qué demonios lo metieron en todo esto. Truman no sabía lo implacable que puedo ser, o que lo perseguiré hasta el confín de la tierra. Puedes huir, pero no puedes esconderte.

En Europa, cuando se demanda a alguien por acciones fraudulentas o alevosas y el paciente o el demandante pierde, el médico puede demandar a su vez al abogado que llevó el caso, así como al demandante, y ganar automáticamente, que es básicamente lo que sucedió en este caso. Necesitamos un procedimiento similar en Estados Unidos para evitar las demandas frívolas y malintencionadas por mala praxis y eliminar el enorme desperdicio que se produce en el sistema judicial debido a esos casos. Sin lugar a dudas, esto también reduciría el costo del seguro por mala praxis, que actualmente es astronómico. Lamentablemente hay un conflicto de intereses, porque la mayoría de nuestros representantes electos en Washington DC son abogados. Necesitamos volver a establecer un equilibrio adecuado en la sociedad y, como dijo Washington, «Es hora de drenar la ciénaga».

El aluvión de demandas judiciales presentadas a lo largo de los años por Truman y las implacables acciones de Veronica Fischer, mi exesposa y sus cómplices han arruinado mi reputación. He sido incapaz de conseguir empleo en ningún hospital debido a toda la basura que han propagado falsamente.

Además, aunque he presentado demandas con protección del denunciante contra algunos médicos y hospitales, es ilegal que las corporaciones médicas dueñas de dichos hospitales tengan prejuicios contra mí a la hora de trabajar en sus instalaciones o encontrar empleo en uno de sus hospitales. Cuando solicito trabajar en alguno de los hospitales de su propiedad, al principio me responden con entusiasmo, pero después no obtengo ninguna otra respuesta porque estoy en una lista negra. Estos hospitales propiedad de las grandes corporaciones han desafiado las leyes «qui tam» que pretenden proteger a los denunciantes anónimos. Las corporaciones comenzaron a prosperar durante la era Clinton, cuando Hillary Clinton ayudó a establecer el concepto de atención médica administrada.

A estos hospitales no les importan los pacientes, solo les interesan sus beneficios corporativos. En un hospital comunitario, los beneficios se reinvierten en las instalaciones para mejorar la atención al paciente y la seguridad. Pero en las grandes corporaciones los directores ejecutivos reciben grandes estipendios que van directos a sus bolsillos y no se reinvierten en la atención al paciente.

Esto demuestra lo corrupto que está todo el sistema creado inicialmente por Clinton. Estas grandes corporaciones elevan los precios y alimentan a los codiciosos abogados especializados en mala praxis hasta el punto de llegar al absurdo, y los estadounidenses no pueden pagarlo. Cuando empecé a ejercer la medicina en 1987, existía Medicare y la aseguradora médica principal, Blue Cross Blue Shield, pero los pacientes pagaban la asistencia médica y después su compañía de seguros les reembolsaba el importe.

Las cosas han cambiado drásticamente desde entonces, y solo para peor. La buena noticia es que la administración actual está intentando romper este monopolio al abrir el sector de los seguros médicos para que las pólizas puedan venderse traspasando las fronteras estatales. Esta forma de competencia es saludable y puede contribuir a rebajar los costos en el futuro.

La corrupción que existe dentro del sistema legal está bien documentada. Los abogados emprenden acciones legales frívolas y fraudulentas para su propio beneficio personal, lo que eleva los costos de la atención médica y el precio de los seguros de mala praxis para médicos y hospitales.

Sin embargo, mi imposibilidad de obtener empleo se puede rastrear directamente hasta Veronica Fischer y Connor Truman, que apoyaron implacablemente el objetivo de mi exesposa de destruirme. Lo sé porque Chelsea se lo dijo directamente a mi padre antes de que este falleciera.

Pero mi cruzada contra la injusticia aún no ha terminado. Sigo luchando para obtener represalias legales contra Chelsea y su antigua abogada, Veronica Fischer, por todo lo que han hecho para arruinarme la vida, y me estoy preparando para presentar cargos contra ellas.

Por ahora terminaré mi historia con una advertencia: El sistema legal estadounidense no funciona para proteger al inocente y castigar al culpable. Funciona para obtener dinero para los abogados. Entra en los juzgados por tu cuenta y riesgo.

Como reza el viejo dicho, lo que no te mata te hace más fuerte. Ahora soy más fuerte que nunca antes en mi vida, tanto física como emocionalmente. Recuerda, esto no acaba hasta que finalice. Todavía debo conseguir ocho millones de dólares. Truman ha estado evadiendo las citaciones de comparecencia de mis abogados y se ha escondido. Afirma que no tiene dinero, pero estaba planeando retirarse. Si eso tiene sentido para alguien, que me lo explique, por favor. No es racional retirarse voluntariamente sin una buena cantidad ahorrada.

La victoria es dulce, pero la compensación final sigue siendo lo más dulce. A pesar de todo por lo que he pasado a lo largo de los últimos doce años, escribir este libro me ha traído muchos recuerdos felices del pasado. Los chinos tienen un antiguo proverbio: «Con cada catástrofe de la vida llega una oportunidad». Mi oportunidad, ahora y en un futuro próximo, es regresar a mi profesión, que consiste en cuidar al enfermo y lograr que se recupere.

Te preguntarás por qué he dado a este libro el título de *El enigma de la medusa*. La palabra *medusa* representa los actos malvados que se iniciaron con mi exesposa Chelsea y sus colaboradores, y *enigma* representa los hechos convulsos que forman parte de este puzle.

En las palabras de Vaclav Havel, «La esperanza es un estado de la mente, no del mundo. La esperanza, en su sentido más profundo y poderoso, no es lo mismo que la alegría que sentimos porque las cosas van bien o la voluntad de invertir en empresas que se dirigen claramente hacia el éxito, sino más bien una capacidad para trabajar por algo simplemente porque es bueno, no porque tiene la posibilidad de triunfar».

Mientras escribía este libro, he recordado el momento en que morí al principio de mi relato. No veo ese suceso como algo negativo. De hecho, mayo de 2015 fue una época en la que sufrí una metamorfosis que me transformó en una versión más avanzada de mí mismo. Soy más fuerte y más perspicaz, tengo más resistencia, soy más paciente e intuitivo que nunca antes en mi vida. La serie de acontecimientos que he relatado aquí ha formado una nueva *mycell* o, para ser más exacto, una nueva perla en mi banco de memoria.

Todas esas acciones han despertado al gigante dormido que todavía tiene mucho que hacer en esta vida, y sin duda para ello Dios me ha dejado en esta tierra. No te confundas, he tenido que soportar mucho dolor y sufrimiento para llegar al punto en el que me encuentro ahora, lo cual no solo ha sido una experiencia de aprendizaje, sino que me ha proporcionado el conocimiento de saber que no hay límites. Como dijo Louis Pasteur: «La suerte favorece a la mente preparada». Todos estos acontecimientos me han condicionado a ser mucho más observador y estar preparado para lo inesperado. Es interesante resaltar que, desde los hechos de mi experiencia cercana a la muerte, he desarrollado un verdadero sexto sentido y soy más perceptivo e intuitivo para enfrentarme a situaciones desconcertantes con mayor claridad. Todavía me quedan muchos retos por conseguir, ¡y aún debe hacerse justicia!

Los únicos obstáculos en la vida son las barreras que levantamos nosotros mismos. Si vives comprendiendo que puedes lograr cualquier cosa que desees, no existen las barreras. ¡Nunca renuncies a algo que crees que es decente y ético! Hacer realidad nuestros sueños y esperanzas solo se consigue con la perseverancia y la decisión de lograr los objetivos que nos marcamos. Debemos condicionarnos para recordar que no hay límites en lo que podemos lograr. Esto proporcionará paz y armonía a tu bienestar, permitiéndote obtener cualquier cosa en la que pongas tu mente. ¡Habla con suavidad, pero lleva siempre un bastón grande!

Printed in the United States
By Bookmasters